Akutagawa's Timeline

난쟁이
어릿광대의 말

난쟁이 어릿광대의 말

초판 1쇄 발행 2012년 3월 20일

지은이_ 아쿠타가와 류노스케
옮긴이_ 양희진
디자인_ 이현자
발행인_ 김현길
발행처_ 도서출판 문파랑

등　록_ 제313-2006-000253호
주　소_ 서울시 마포구 망원동 435-42 라이져B/D 2F
전　화_ (02) 3142-3827
팩　스_ (02) 6442-0839
E-mail_aveva@naver.com
twitter.com/munparang

값 10,000원

이 책 본문에 대한 번역저작권은 도서출판 문파랑에 있으므로 무단으로 내용의 일부를 인용하거나 복사, 발췌를 금합니다.

ISBN 978-89-94575-13-1 03830

난쟁이 어릿광대의 말

Akutagawa's Timeline

아쿠타가와 류노스케 지음
양희진 옮김

* 이 책의 본문은 원서의 구성 순서와 달리 주제별 연관성에 따라 임의로 재구성하였음을 밝힙니다.

도서출판 문파랑 文波浪

목차

Part I   인생을 살아가는 법 ········ 7
인생의 비극 제1막은
부모와 자식이 되었다는 데서 시작한다

Part II   행복하게 살기 위해서 ········ 57
비극이란 스스로 부끄러운 짓을
일부러 하지 않으면 안 되는 일이다

Part III   우리가 서로 사랑한다는 것 ········ 123
연애의 징후는 그녀와 닮은 얼굴을 발견하는 데
극도로 예민해지는 일이다

Part IV   우리 사는 이 세상에서 ········ 151
묵묵히 참고 따르는 일은 로맨틱한 비굴이다

Part V   인생은 짧고 예술은 길다 ········ 177
내려치는 해머의 리듬을 들어라
저 리듬이 있는 한,
예술은 영원히 멸망하지 않으리라

서序

「난쟁이 어릿광대의 말」은 반드시 내 사상을 전하지 않는다. 다만 내 사상의 변화를 보여줄 뿐이다.
풀 한 포기보다 덩굴풀 한 줄기— 게다가 그 덩굴풀은 덩굴줄기를 몇 개나 뻗쳤는지 알 수 없다.

아쿠타가와 류노스케

Part I 인생을 살아가는 법

인생의 비극 제1막은
부모와 자식이 되었다는 데서 시작한다

#인간적인, 너무나 인간적인

Akutagawa

인간적인, 너무나 인간적인 것은 대부분 확실히 동물적이다.

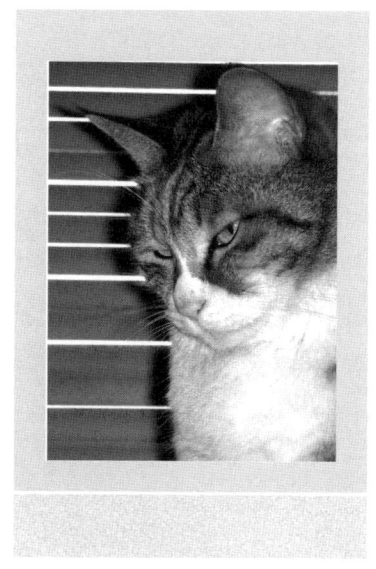

#천국의 백성

Akutagawa

천국의 백성은 무엇보다도 먼저 위와 생식기가 없으리라.

#인생

Akutagawa

이시구로 사다카즈* 군에게

만약 수영을 배우지 못한 사람에게 헤엄치라고 명령하는 사람이 있다면, 누구나 무리라고 생각한다. 만약 러닝을 배우지 못한 사람에게 달리라고 명령하는 사람이 있다면, 또한 억지라고 생각한다. 그러나 우리는 태어날 때부터 이런 터무니없는 명령을 받은 것이나 다름없다.

우리는 어머니 뱃속에 있을 때 인생을 살아가는 법을 배웠겠는가? 하지만 어머니 뱃속에서 나오자마자, 어쨌든 커다란 경기장 같은 인생의 한가운데로 들어왔다. 물론 수영을 배우지 못한 사람은 만족스럽게 헤엄칠 수 없다. 마찬가지로 러닝을 배우지 못한 사람은 대부분 남에게 뒤처지기 마련이다. 그렇다면 우리는 상처를 입지 않고 인생의 경기장에 나설 수 없다.

세상 사람들은 이렇게 말할지도 모른다. '앞서 배웠던 사람들을 보라. 거기에 너희의 모범이 있다'고. 그렇지만 수영하는 사람 백 명과 러너 천 명을 바라본들, 금세 수영을 배우거나 러닝에 익숙해지는 것은 아니다. 뿐만 아니라 수영하는 사람들은 모두 많은 물을 먹었고, 또 러너들은 한 명도 남김없이 경기장에서 흙투성이가 되었다. 보라, 세계 명선수들조차 대부분 미소 뒤에 찌푸린 얼굴을 감추지 않는가?

인생은 미친 사람들이 주최한 올림픽대회와 같다. 우리는 인생과 싸워가며 인생과 싸우는 법을 배워야 한다. 이런 터무니없는 게임에 분개하는 사람은 어서 이 테두리 밖으로 나가라. 자살도 확실히 한 방법이다. 그러나 인생의 경기장에 머물고 싶은 사람은 상처를 두려워 말고 싸워야 한다. 네 발로 기는 러너는 우스꽝스럽고 비참하다. 물먹은 모습의 수영하는 사람도 눈물과 웃음을 자아낸다. 우리는 그들처럼 인생의 비극과 희극을 연출한다. 상처 입는 일은 어쩔 수 없다. 하지만 그 상처를 견디기 위해선—
세상 사람들은 뭐라고 할지 모른다. 나는 언제나
동정과 익살을 갖고 싶다.

*이시구로 사다카즈(石黑定一)_ 아쿠타가와가 1921년 중국여행에서
알게 된 친구. 당시 미쓰비시은행 상해지점에 근무했다.

Akutagawa

인생은 한 갑의 성냥과 비슷하다. 귀중히 다루기에는
시시하다. 그렇다고 함부로 다루면 위험하다.

Akutagawa

인생은 낙장이 많은 책과 비슷하다. 한 권을 이뤘다
고는 말하기 어렵다. 그러나 어쨌든 한 권을 이룬다.

#지옥

Akutagawa

인생은 지옥보다 지옥스럽다. 지옥의 고통은 일정한 법칙을 벗어나지 않는다. 말하자면 아귀도의 고통은 눈앞에 밥을 먹고자 하면 밥에 불붙는 따위다. 그러나 인생의 고통은 불행히도 그렇게 단순하지 않다. 눈앞에 밥을 먹으려 하면 불붙는 수도 있고, 또 의외로 쉽게 먹을 수도 있다. 뿐만 아니라 쉽게 먹은 뒤에 장염이 생길 수도 있고, 또 뜻밖에 쉽사리 소화할 수도 있다. 이러한 무법칙의 세계에 순응하는 일은 누구라도 쉽지 않다. 만약 지옥에 떨어진다면 나는 반드시 순식간에 아귀도의 밥을 훔치리라. 하물며 바늘산이나 피연못 따위는 이삼 년 거기에 살면 익숙해져서 각별히 큰 고통을 느끼지 않으리라.

#부모와 자식

Akutagawa

부모가 자식을 기르는 데 적합한지 아닌지 의문이다. 소와 말은 어버이를 위해서 키워지는 것이 분명하다. 그러나 자연의 이름으로 이 구습을 변호하는 일은 확실히 부모의 마음대로다. 만약 자연의 이름으로 어떤 구습도 변호할 수 있다면, 먼저 우리는 미개인종의 약탈결혼을 변호해야 한다.

Akutagawa

자식에 대한 부모의 사랑은 가장 이기심이 없는 사랑이다. 하지만 이기심 없는 사랑이 반드시 아이의 양육에 가장 적합한 것은 아니다. 이 사랑이 아이에게 주는 영향은— 적어도 영향의 대부분은, 폭군으로 만들거나 약자로 만든다.

 *Akutagawa*

인생의 비극 제1막은 부모와 자식이 되었다는 데서 시작한다.

 *Akutagawa*

예로부터 얼마나 많은 부모들이 이런 말을 반복했을까. "나는 결국 실패자다. 그러나 이 아이만큼은 성공시켜야 한다."

#나

Akutagawa

나는 양심이 없다. 내게 있는 것은 신경뿐이다.

나는 자주 다른 사람이 '죽어버렸으면 좋겠다'고 생각했다. 게다가 그 다른 사람들 중에는 육친마저 섞여 있었다.

나는 흔히 이렇게 생각했다.

'내가 저 여자에게 반했을 때 저 여자도 내게 반했던 것처럼, 내가 저 여자가 싫어졌을 때 저 여자도 나를 싫어하면 좋을 텐데.'

나는 서른 살을 넘긴 뒤, 늘 연애감정을 느끼자마자 열심히 서정시를 지었고 깊이 빠지기 전에 빠져나왔다. 그러나 그것은 반드시 도덕적으로 내가 진보했다는 말은 아니다. 다만 마음속으로 주판을 놓는 법을 배웠기 때문이다.

나는 아무리 사랑했던 여자라도 한 시간 이상 이야기하는 일은 지루했다.

나는 자주 거짓말을 했다. 하지만 글을 쓰는 경우는

문제 삼지 않더라도, 내 입으로 말하는 거짓말은 죄다 졸렬하기 그지없었다.

  나는 제삼자와 한 여자를 공유하는 일에 불평하지 않는다. 그렇지만 제삼자가 행인지 불행인지 이런 사실을 모르고 있을 때, 왠지 그 여자에게 항상 증오를 느낀다.

  나는 제삼자와 한 여자를 공유하는 일에 불평하지 않는다. 그러나 그것은 제삼자와 전혀 알지 못하는 사이거나 또는 아주 소원한 사이거나, 이 둘 중 하나를 조건으로 한다.

  나는 제삼자를 사랑하기 위해서 남편의 눈을 속이는 여자에게 연애감정을 느끼지 않는 것은 아니다. 하지만 제삼자를 사랑하기 위해서 아이를 돌보지 않는 여자에겐 증오를 느낀다.

  나를 감상적으로 만드는 것은 다만 천진난만한 아이뿐이다.

  나는 서른 살 전에 어느 여자를 사랑했다. 그녀는

언젠가 나에게 말했다.

"당신 부인에게 미안해요."

나는 유달리 내 아내에게 미안함을 느꼈던 것은 아니다. 그러나 묘하게 이 말은 내 마음속에 스며들었다. 나는 정직하게 이렇게 생각했다.

'어쩌면 이 여자한테도 미안할지 모른다.'

나는 아직도 이 여자만큼은 따뜻한 마음을 느낀다.

나는 금전에는 냉담했다. 물론 먹고 살기 어렵지 않았기에.

나는 양친에게 효도했다. 양친 모두 늙었기 때문에.

나는 친구 두서넛 명에겐 이를테면 진실을 말하지 않았더라도 거짓말한 적은 한 번도 없었다. 그들도 또한 거짓말을 하지 않았으니까.

#어느 효자

Akutagawa

그는 어머니에게 효도했다. 물론 애무나 키스가 미망인인 그의 어머니를 위로한다는 점을 잘 알고 이해하면서.

#니노미야 손토쿠*

Akutagawa

나는 초등학교 독본에서 니노미야 손토쿠의 소년 시절을 읽었던 일을 기억한다. 가난한 집 아이인 손토쿠는 낮에는 농사일을 거들고 밤에는 짚신을 만들며, 어른처럼 일하며 씩씩하게 줄곧 독학을 했다고 한다. 이것은 온갖 입지전立志傳처럼— 모든 통속 소설처럼 감격하기 쉬운 이야기다. 사실상 열다섯도 안 된 나는 손토쿠의 기개에 감격해서 손토쿠처럼 가난한 집에서 태어나지 못한 일을 불행의 하나라고 생각했다…….

그렇지만 이 입지전은 손토쿠에게 명예를 준 대신, 물론 손토쿠 부모에게는 불명예를 준 이야기다. 그들은 손토쿠 교육에 추호도 편의를 주지 않았다. 아니, 오히려 방해만 했다. 이는 부모의 책임상, 확실히 치욕이다. 그러나 우리 부모와 교사는 순진하게도 이 사실을 잊어버렸다. 손토쿠 부모는 술꾼이나 노름꾼이라도 좋다.

문제는 오직 손토쿠다. 어떤 고생을 해도 독학을 그만두지 않는 손토쿠에게 있다. 우리의 소년들은 손토쿠처럼 용맹하게 뜻을 키워야만 한다.

나는 그들의 이기주의에 경탄한다. 그들에게 손토쿠처럼 하인 일을 하는 소년은 적당히 좋은 자식임이 틀림없다.

게다가 뒷날 명예를 얻어, 크게 부모 이름을 알리는 방법으로도 좋다. 하지만 열다섯 살도 안 된 나는 손토쿠의 기개에 감격하면서, 또한 손토쿠처럼 가난한 집에 태어나지 못한 일을 불행의 하나라고 생각했다. 마치 쇠사슬에 묶인 노예가 더 두꺼운 쇠사슬을 원하는 것처럼.

*니노미야 손토쿠(二宮尊德, 1787~1856)_ 에도시대 말기의 농정가農政家.

#죽음

Akutagawa

필립 마인란더*는 아주 정확하게 죽음의 매력을 기술했다. 실제로 우리는 무언가에 의해 죽음의 매력을 느끼기만 하면, 쉽게 그 범위 밖으로 벗어날 수가 없다. 그 바깥에 동심원을 돌듯이 한 발 한 발 죽음 앞으로 다가간다.

*필립 마인란더(Philipp Mainlander, 1841~1876)_ 독일 철학자. 쇼펜하우어의 영향을 받음.

#어린 단풍나무

Akutagawa

어린 단풍나무는 줄기에 손을 대기만 해도, 다닥다닥 붙어 있는 싹을 신경질적으로 떨어댄다. 식물이기는 하지만 어쩐지 기분이 나쁘다!

#어린아이

Akutagawa

우리는 대체 무엇을 위해서 어린아이를 사랑하는가? 그 이유의 반은 적어도 어린아이한텐 속을 염려가 없기 때문이다.

Akutagawa

우리가 태연히 자신의 어리석음을 대놓고 드러내는 일을 부끄러워하지 않는 경우는, 어린아이를 대할 때이거나— 또는 개와 고양이를 대할 때뿐이다.

#지덕합일

Akutagawa

우리는 우리 자신마저 알 수 없다. 하물며 우리가 알고 있는 것을 행동으로 옮기는 일은 곤란하다. 「지혜와 운명」을 쓴 마테를링크*도 지혜와 운명을 몰랐다.

*마테를링크(Maurice Maeterlinck, 1862~1949)_ 벨기에의 극작가, 소설가.

#조소하는 사람

Akutagawa

타인을 조소하는 사람은 동시에 타인에게 조소당할 것을 염려하는 사람이다.

#죄

Akutagawa

'죄는 미워하되 사람은 미워하지 마라'는 반드시 실행하기 어려운 일이 아니다. 아이는 거의가 부모에게 벌써 이 격언을 실행하고 있다.

수신 修身

Akutagawa

도덕은 편의의 다른 이름이다. 즉 '좌측통행'과 비슷하다.

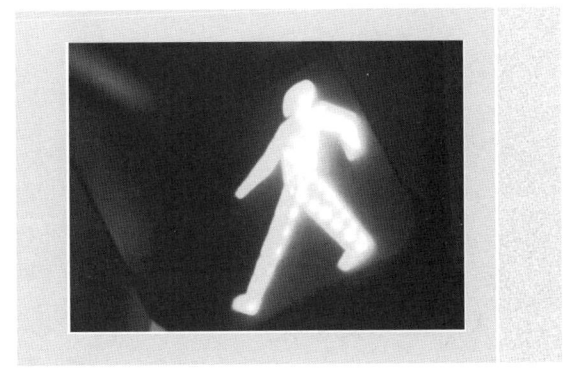

Akutagawa

도덕이 준 혜택은 시간과 노력의 절약이다. 도덕이 준 손해는 완전한 양심의 마비다.

Akutagawa

무분별하게 도덕에 반하는 사람은 경제관념이 희박한 사람이다. 무분별하게 도덕에 굴하는 사람은 겁쟁이거나 게으름뱅이다.

Akutagawa

우리를 지배하는 도덕은 자본주의에게서 상처를 입은 봉건시대의 도덕이다. 우리는 손해 이외엔, 거의 아무런 혜택도 입지 않았다.

Akutagawa

강자는 도덕을 유린하리라. 약자는 도덕의 애무를 받으리라. 그러나 도덕의 박해를 받는 사람은 언제나 강약의 중간에 처한 사람이다.

Akutagawa

도덕은 항상 헌옷과 같다.

Akutagawa

양심은 우리 수염처럼 나이와 함께 생기지 않는다. 우리는 양심을 얻기 위해서 얼마쯤 훈련이 필요하다.

Akutagawa

한 국민의 9할 이상은 평생 양심을 가지지 않는다.

Akutagawa

우리의 비극은 나이가 어린 탓에 또는 훈련이 부족한 까닭에, 미처 양심을 얻기 전에 파렴치한의 비난을 받는 일이다.

Akutagawa

우리의 희극은 나이가 어린 탓에 또는 훈련이 부족한 까닭에, 파렴치한의 비난을 받은 뒤에 겨우 양심을 얻는 일이다.

Akutagawa

양심은 엄숙한 취미다.

Akutagawa

양심은 도덕을 만들지도 모른다. 그러나 도덕은 지금까지 양심의 양 자도 만든 적이 없다.

Akutagawa

양심도 모든 취미처럼 병적인 애호가를 가지고 있다. 그런 애호가는 십중팔구 총명한 귀족이거나 부호다.

#위험 사상

Akutagawa

위험 사상이란, 상식을 실천에 옮기는 사상이다.

#위트 wit

Akutagawa

위트란 삼단논법이 빠진 사상이며, 그들의 이른바 '사상'이란 사상이 빠진 삼단논법이다.

Akutagawa

위트를 혐오하는 일은 인류의 피로 때문이다.

#자유

Akutagawa

자유를 원하지 않는 사람은 아무도 없다. 하지만 그것은 겉모습뿐이다. 사실은 아무도 마음속으로는 조금도 자유를 찾지 않는다. 그 증거로, 조금도 주저하지 않고 사람 목숨을 빼앗는 무뢰한조차 금구무결*의 국가를 위해서 누구누구를 죽였다고 말하지 않는가? 그러나 자유란 우리 행위에 아무런 구속도 없는 일을 말하며, 곧 신이니 도덕이니 또는 사회적 습관이니 하는 등등에 연대책임을 지는 것을 양심에 따라 거부함을 말한다.

*금구무결(金甌無缺)_ 금이나 쇠로 만든 그릇처럼 국력이 강하여 다른 나라의 침략을 받지 않음.

Akutagawa

자유는 산꼭대기의 공기와 같다. 그 어느 쪽도 약자에겐 감당하기 힘들다.

Akutagawa

자유주의, 자유연애, 자유무역— 그 어떤 '자유'도 공교롭게도 술잔에 적잖은 물을 섞었다. 더군다나 거의가 괸 물을.

#자유사상가

Akutagawa

자유사상가의 약점은 자유사상가라는 데 있다. 그는 도저히 광신자처럼 모질고 사납게 싸우지 못한다.

#이성

Akutagawa

이성이 나에게 가르쳐준 것은 결국 이성의 무력함이다.

#별

Akutagawa

태양 아래 새로운 일은 없다고 옛사람은 설파했다. 하지만 새로운 일이 없다는 것은 오직 태양 아래뿐만이 아니다.

천문학자의 학설에서, 헤라클레스 성운군을 출발한 빛이 우리 지구에 도달하는 데 삼만 육천 년이 필요하다고 한다. 그러나 비록 헤라클레스 성운군이라도 영구히 빛날 수 없다. 언젠가 한 번은 차가운 재처럼 아름다운 빛을 잃어버린다. 뿐만 아니라 죽음은 어딜 가나 항상 생을 품고 있다. 빛을 잃은 헤라클레스 성운군도 끝없는 하늘을 떠돌아다니는 동안, 사정이 좋아 기회를 얻는다면 한 무리의 성운군과 함께 변하게 되리라. 그러면 또다시 새로운 별이 끊임없이 거기에 생겨나리라.

우주 크기와 견줘서 태양도 하나의 반딧불에 불과하다. 하물며 우리 지구는 더 말할 나위도 없다. 그렇지만 머나먼 우주의 끝, 은하의 근처에서 일어나는 일도, 실은 이 지구라는 흙덩어리 위에서 일어나는 일과 다르지 않다. 삶과 죽음은 운동법칙 아래 줄곧 순환한다.

  그런 점을 생각하면 하늘에 퍼져 있는 수많은 별들에게 얼마큼 연민을 느끼곤 한다. 아니, 명멸하는 별빛은 우리처럼 어떤 감정을 표현하는 듯싶다. 이 점에서 시인*은 무엇보다 먼저 고고하게 진리를 노래했다.

  모래를 이루는 무수한 별 그 속에 나를 향해 빛나는 별이 있네.
그러나 별도 우리처럼 윤회함은— 어쨌든 지루한 일이라네.

*마사오카 시키(正岡子規, 1867~1902)를 가리킴.

#신비주의

Akutagawa

신비주의는 문명을 위해서도 쇠퇴해서는 안 된다. 오히려 문명은 신비주의한테 장족의 발전을 제공해야 한다.

옛사람은 우리 인간의 선조는 아담이라고 믿었다. 이는 창세기를 믿는다는 뜻이다. 현대인은 이미 중학생조차 원숭이라고 믿는다. 이는 다윈의 저서를 믿는다는 말이다. 결국 책을 믿는다는 사실은 현대인도 옛사람도 다르지 않다. 더욱이 옛사람은 적어도 창세기를 읽었었다. 현대인은 몇몇의 전문가를 제외하곤 다윈의 저서를 읽지 않았음에도 태연히 그 설을 믿는다. 원숭이를 선조라 믿는 일은 야훼의 숨이 닿은 흙—아담을 선조로 믿는 일보다 훌륭한 신념은 아니다. 그런데도 현대인은 모두 이런 신념에 만족한다.

이것은 진화론뿐만이 아니다. 지구는 둥글다는

사실조차, 이 사실을 정말로 아는 사람은 소수다. 대다수는 언젠가 배워서, 둥글다고 외곬으로 믿는 것에 불과하다. 왜 둥글까 하고 추궁하면 위로는 총리에서 밑으로는 박봉의 월급쟁이에 이르기까지 사실상 설명할 수 없다.

다음 예를 하나 더 들자면 현대인은 누구도 옛사람처럼 유령의 실재를 믿는 사람은 없다. 그러나 유령을 보았다는 말은 여전히 가끔 들린다. 그럼 왜 그런 말을 믿지 않는가? 유령 따위를 보는 사람은 미신에 사로잡혔기 때문이다. 그럼 왜 미신에 사로잡히는가? 유령 따위를 보기 때문이다. 이런 옛사람의 논법은 물론 이른바 순환논리에 지나지 않는다.

하물며 더더욱 복잡하게 뒤얽힌 문제는 전적으로 신념에 입각한 문제이다. 우리는 이성에 귀를 기울이지 않는다. 아니, 이성을 초월한 어떤 사람만이 이성에 귀를 기울인다. 어떤 사람— 나는 '어떤 사람' 말고는 이에 어울리는 이름을 발견하지 못했다. 만약 억지로 이름 붙인다면 장미나 생선, 양초와 같은 상징을 쓸 수밖에 없다. 예를 들면 우리는 깃털 달린 모자 대신 펠트 중절모를 쓰는 시대 유행처럼, 우리 선조가 원숭이라는 것을 믿고, 유령이 실재하지 않는다는 것을 믿고, 지구가 둥글다는 사실을 믿는다. 만약 거짓말이라고 생각하는 사람은 일본인에게 아인슈타인 박사 또는 그 상대성 원리가 환영받았던 일을 생각해 보라. 그것은 신비주의의 축제이며 불가해하고 장엄한 의식이었다. 무엇을 위해 열광했었는가는 〈가이조改造*〉의 사주社主 야마모토 씨조차 모른다.

그렇다면 위대한 신비주의자는 스베덴보리*나 비메* 등이 아니다. 오히려 우리 문명의 백성이다. 동시에 우리 신념도 미쓰코시 백화점의 쇼윈도에서 선택할 문제가 아니다. 우리 신념을 지배하는 것은 늘 붙잡기 힘든 유행이다. 또는 신의 의도와 유사한 좋고 싫음의 느낌이다. 사실 서시*나 용양군*의 선조도 또한 원숭이였다고 생각하는 일은 어느 정도 만족을 준다.

*가이조_ 종합잡지의 이름.
*스베덴보리(Emanuel Swedenborg, 1688~1772)_ 스웨덴 철학자, 신학자.
*비메(Jacob Boehme, 1575~1624)_ 독일 철학자, 범신론적 경향의 신지학을 전개함.
*서시(西施)_ 중국 춘추전국시대 월나라의 미녀.
*용양군(龍陽君)_ 중국 전국시대 위나라의 신하.

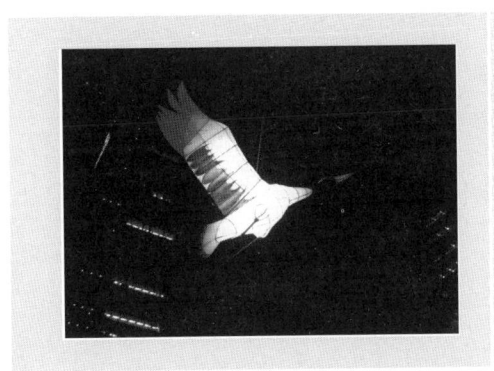

#처세술

Akutagawa

가장 현명한 처세술은 사회적 인습을 경멸하면서도, 또한 사회적 인습과 모순하지 않는 생활을 하는 것이다.

#처세적인 재능

Akutagawa

누가 뭐라고 해도 '증오한다'는 말은 처세적인 재능의 하나이다.

#말

Akutagawa

모든 말은 동전처럼 반드시 양면이 있다. 이를테면 '민감한'이란 말의 한 면은 결국 '겁 많은'이란 뜻이다.

#정직

Akutagawa

만약 정직하게 된다면, 우리는 순식간 누구도 정직하지 못하다는 사실을 발견한다. 이런 까닭에 우리는 정직해지는 일에 불안을 느낀다.

#변호

Akutagawa

다른 사람을 변호하기보다 자신을 변호하는 일이 더 어렵다. 의심하는 사람은 변호사를 보라.

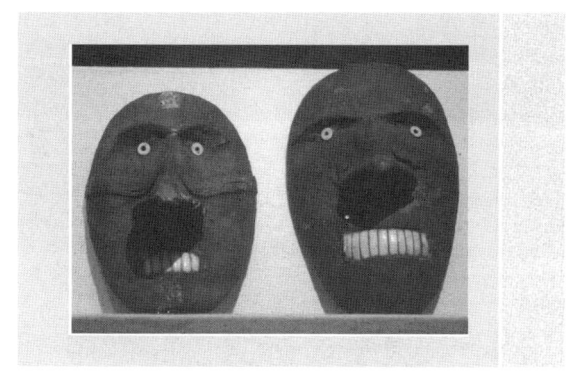

#자연

Akutagawa

우리가 자연을 사랑하는 이유는— 적어도 그 이유의 하나는, 자연은 우리 인간처럼 질투하거나 속이거나 하지 않기 때문이다.

#언행일치

Akutagawa

언행일치라는 미명을 얻으려면 먼저 자기변호를 잘 해야만 한다.

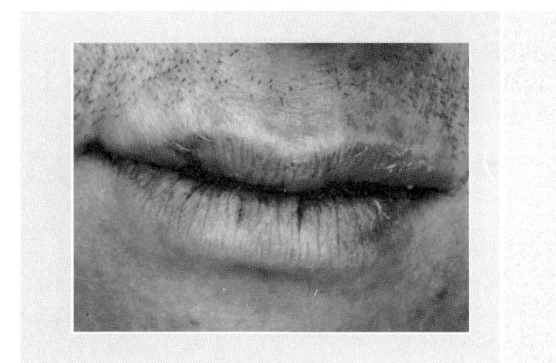

항산 恒産

Akutagawa

항산이 없는 사람에겐 항심恒心도 없다는 말은 거의 이천 년이 지난 옛말이다. 오늘날엔 항산이 있는 사람에게 오히려 항심이 없는 듯하다.

#까마귀

Akutagawa

어느 눈이 그친 해질녘 나는, 이웃집의 지붕에 앉아 있던, 새파란 까마귀를 본 적이 있다.

Part II 행복하게 살기 위해서

비극이란 스스로 부끄러운 짓을
일부러 하지 않으면 안 되는 일이다

#운명

Akutagawa

운명은 우연이라기보다 필연이다. '운명은 성격 속에 있다'는 말은 결코 얼렁뚱땅 생겨난 것이 아니다.

#숙명

Akutagawa

숙명은 후회의 자식일지도 모른다. 또는 후회는 숙명의 자식일지도 모른다.

#어느 물질주의자의 신조

Akutagawa

"나는 신을 믿지 않는다. 그러나 신경을 믿는다."

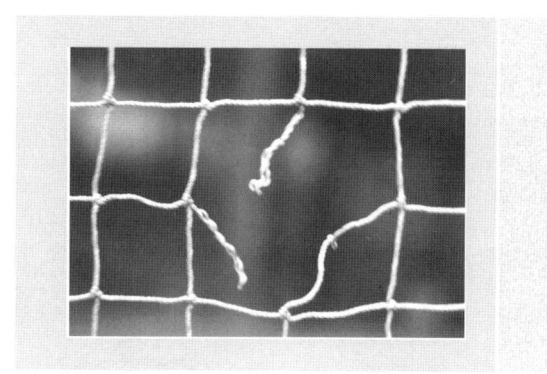

#참회

Akutagawa

옛사람은 신 앞에서 참회했다. 현대인은 사회 앞에서 참회한다. 그렇다면 바보와 악당을 제외하면 누구든 참회하지 않고선 사바세계의 고통을 견딜 수 없을지 모른다. 하지만 어느 쪽의 참회이든 얼마만큼 신용할 수 있는가는, 물론 별문제이다.

#인간적인

Akutagawa

우리 인간의 특색은 신이 결코 범하지 않는 과실을 범하는 데 있다.

#우리

Akutagawa

우리는 모두 그 자신을 부끄러워하며 동시에 그들을 두려워한다. 그러나 누구도 솔직하게 이런 사실을 말하는 사람은 없다.

#자랑거리

Akutagawa

우리가 가장 자랑하고 싶은 것은 우리가 가지고 있지 않은 것뿐이다.

실례.

T는 독일어에 아주 능숙하다. 그렇지만 그의 책상 위에 있는 것은 언제나 영어로 된 책뿐이다.

#복숭아나무와 자두나무

Akutagawa

'복숭아나무와 자두나무는 아무것도 말하지 않는다 할지라도, 아름다운 꽃에 끌려 사람들이 모이고, 그 밑에는 자연히 길이 생긴다.'는 확실히 지자知者의 말이다. 당연히 '복숭아나무와 자두나무는 아무것도 말하지 않는다 할지라도'가 아니다. 사실은 '복숭아나무와 자두나무는 아무것도 말하지 않는다면'이다.

#자기혐오

Akutagawa

가장 두드러진 자기혐오의 징후는 모든 일에서 거짓말을 찾아낸다는 점이다. 아니, 반드시 그뿐만이 아니다. 그 거짓말을 발견하는 데 조금도 만족을 느끼지 못한다는 점이다.

#죄

Akutagawa

도덕과 법률의 범위에서 모험하는 행위— 죄는 결국 이런 것이다. 따라서 어떠한 죄도 전기적傳奇的인 색채를 띠지 않는 경우는 없다.

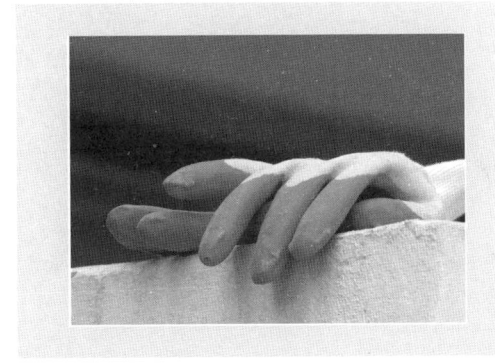

#벌

Akutagawa

벌을 받지 않는 일만큼 고통스러운 벌은 없다. 그것도 결코 벌을 받지 않는다고 신이 보증한다면 별문제지만.

#인생

Akutagawa

혁명에 혁명을 거듭하더라도 우리 인간의 생활은 '선택받은 소수'를 제외하면 언제나 암담할 따름이다. 게다가 '선택받은 소수'란 '바보와 악당'의 다른 이름이다.

#예술

Akutagawa

가장 어려운 예술은 자유롭게 인생을 사는 일이다. 물론 '자유롭다'는 말은 반드시 뻔뻔스러움을 뜻하지 않는다.

#어느 행복한 사람

Akutagawa

그는 누구보다도 단순했다.

#번거롭고 자질구레한 일

Akutagawa

행복한 인생을 살려면 일상생활의 번거롭고 자질구레한 일을 사랑해야 한다. 구름의 윤기, 대나무의 산들거림, 참새떼의 지저귐, 길 가는 사람의 얼굴― 온갖 자잘한 일에서 더없는 감로의 맛을 느껴야만 한다.

인생을 행복하게 살려면? 하지만 사소한 일을 사랑하는 사람은 사소한 일 때문에 괴로움을 겪지 않으면 안 된다.

정원에 오래된 연못으로 뛰어든 개구리는 백 년의 우수를 깨뜨렸다. 그러나 오래된 연못에서 뛰쳐나온 개구리는 백 년의 우수를 주었는지도 모른다. 아니, 바쇼*의 한평생은 향락의 일생이면서 또한 누가 봐도 수난의 일생이었다. 우리도 미묘하게 즐기기 위해선 또한 미묘하게 괴로워해야만 한다.

행복한 인생을 살려면 일상생활의 번거롭고 자질구레한 일에 괴로워해야만 한다. 구름의 윤기, 대나

무의 산들거림, 참새떼의 지저귐, 길가는 사람의 얼굴— 온갖 자잘한 일에서 지옥의 고통을 느껴야 한다.

*바쇼(芭蕉 1644~1694)_ 에도시대 전기의 시인.

어느 자경단원自警團員*의 말

Akutagawa

　자, 경계 근무를 서자. 오늘밤은 별도 나뭇가지에 선선한 빛을 비춘다. 미풍도 슬슬 불기 시작한다. 자, 이 등나무 긴 의자에 드러누워, 한 그루 마닐라에 불을 붙여 밤새도록 경계를 서자. 만약 목이 마르면 수통의 위스키를 마시면 된다. 다행히 아직 포켓에는 초콜릿이 남아 있다.

　들어라, 높은 나뭇가지에서 잠자던 새가 시끄럽게 떠드는 것을. 새는 이번 대지진에도 어려움이 없었다. 그러나 우리 인간은 의식주라는 편의를 잃어버려서 온갖 고통을 겪는다. 아니, 의식주 걱정할 때가 아니다. 한 잔의 시트론*을 마시지 못하는, 적잖은 부자유를 견딘다.

　인간이라는 두 발 달린 짐승은 어쩌면 이토록 한심한 동물인가. 우리는 일단 문명을 잃어버리면, 그야

말로 바람 앞에 등불처럼 불안한 생명을 지키지 않으면 안 된다. 보라, 새는 벌써 조용히 잠자리에 들었다. 이불과 베개를 모르는 새들은!

새들은 벌써 잠자리에 들었다. 꿈도 우리보다 평온하리라. 새는 오직 현재를 산다. 하지만 우리 인간은 과거와 미래에도 살지 않으면 안 된다. 이는 회한과 고통을 맛볼 수밖에 없다는 뜻이다. 특히 이번 대지진은 얼마나 우리 미래에 외로운 암흑을 던졌을까. 도쿄를 불태운 우리는 오늘의 굶주림에 괴로워하며 내일의 굶주림에도 괴로워한다. 새는 행복하게도 이런 고통을 모른 채, 아니, 새뿐만이 아니다. 오직 우리 인간만이 삼세三世의 고통을 안다.

고이즈미 야쿠모*는 인간보단 나비가 되고 싶다고 말했다고 한다. 나비— 말하자면 저 개미를 보라. 만약 고통이 적은 것을 행복이라고 한다면 개미도 우리보다 행복하리라. 그렇지만 우리 인간은 개미가 모르는 쾌락을 안다. 개미는 파산이나 실연 때문에 자살하지 않으리라. 그렇지만 우리처럼 즐거운 희망을 가질 수 있을까? 나는 아직도 기억한다. 달 밝은 낙양의 폐도廢都에서, 이태백이 시 한 수조차 모르는 수많은 개미 떼를 불쌍히 여긴 일을!

그러나 쇼펜하우어는— 자, 철학은 그만두게. 우리는 아무튼 저쪽으로 왔던 개미와 분명히 큰 차이가 없다. 만약 그 사실만이라도 확실하다면, 우리는 모든 인간다운 감정을 더욱 소중하게 여기지 않으면 안 된다. 자연은 다만 냉담하게 우리의 고통을 지켜본다. 우리는 서로 연민을 가져야만 한다. 하물며 살육을 즐거워하다니. 당연히 상대를 목 졸라 죽이는 것은 의논하는 것보다 손쉬운 일이다.

밤은 벌써 열두시를 지난 듯하다. 별은 변함없이

머리 위에서 선선한 빛을 비춘다. 자, 자네는 위스키를 마시게. 나는 긴 의자에 드러누운 채 초콜릿을 먹도록 하지.

*자경단은 1918년 쌀 소동을 계기로 경찰이 결성한 자경조직을 말한다. 관동 대지진이 일어났을 때, 조선인이 폭동을 계획한다는 유언비어로 무장한 자경단이 조선인 학살에 가담했었다.
*시트론(citron)_ 시트론 열매로 만든 청량음료.
*고이즈미 야쿠모(小泉八雲, 1850~1904)_ 작가, 영문학자.

#그의 행복

 *Akutagawa*

그의 행복은 스스로 교양 없음을 아는 데 있다. 또한 그의 불행도— 아아, 어쩌면 이다지도 지루한가!

#겉보기

Akutagawa

예로부터 겁쟁이가 가장 용감한 사람으로 보이는 법이다.

#가능

Akutagawa

우리는 하고 싶은 일을 할 수 있는 게 아니다. 다만 할 수 있는 일을 한다. 이것은 우리 개인뿐만이 아니다. 우리 사회도 마찬가지다. 틀림없이 신도 희망대로 이 세계를 만들 수 없었으리라.

어느 자살자

Akutagawa

그는 어떤 사소한 일 때문에 자살하려고 결심했다. 하지만 그 정도의 일 때문에 자살하는 일은 그의 자존심에 커다란 상처였다. 그는 권총을 손에 든 채, 오만하게 이렇게 혼잣말을 했다.

"나폴레옹도 벼룩에게 물렸을 때엔 틀림없이 가렵다고 했을 거야."

#비극

Akutagawa

비극이란 스스로 부끄러운 짓을 일부러 하지 않으면 안 되는 일이다. 따라서 만인 공통의 비극은 배설 작용을 하는 일이다.

#유토피아

Akutagawa

완전한 유토피아가 나타나지 않는 이유는 대체로 다음과 같다.

인간성 자체를 바꾸지 않으면 완전한 유토피아가 나타날 리 없다. 인간성 자체를 바꾼다면 완전한 유토피아라고 생각했던 것도 금세 불완전하게 느껴진다.

#폭력

Akutagawa

인생은 늘 복잡하다. 복잡한 인생을 간단하게 하는 것은 폭력뿐이다. 따라서 석기시대의 뇌밖에 가지지 못한 문명인은 이따금 논쟁보다 살인을 사랑한다.

그러나 권력도 결국 전매특허를 얻은 폭력이다. 우리 인간을 지배하기 위해서 폭력은 필요할지도 모른다. 또는 필요 없을지도 모른다.

#강자와 약자

Akutagawa

강자란 적을 두려워하지 않는 대신 친구를 두려워하는 사람이다. 일격에 적을 쓰러뜨리는 일엔 아무 고통도 느끼지 않지만, 자기도 모르는 사이 친구에게 상처 주는 일엔 여자아이처럼 공포를 느낀다.

약자란 친구를 두려워하지 않는 대신 적을 두려워하는 사람이다. 그러므로 곳곳에서 가공의 적만을 발견한다.

#인간다움

Akutagawa

나는 불행히도 '인간다움'에 예배할 용기가 없다. 아니, 자주 '인간다움'에 경멸을 느낀다. 그렇지만 항상 '인간다움'에 사랑을 느끼는 것도 사실이다. 사랑을?

어쩌면 사랑보다는 연민일지도 모른다. 그러나 어쨌든 '인간다움'에 마음이 움직이지 않는다면 인생은 도저히 살기 어려운 정신병원으로 변할 듯싶다. 스위프트*가 끝내 미쳐버린 것도 당연한 결과다.

스위프트는 미치기 직전에 나뭇가지만 마른 나무를 보면서, '나는 저 나무와 비슷하다. 머리부터 먼저 못 견디게 되는 거야.' 하고 중얼거렸다고 한다. 이 일화를 생각할 때마다 언제나 전율을 느낀다. 나는 스위프트만큼 머리 좋은 한 시대의 귀재로 태어나지 않은 일을 은근히 행복하게 생각한다.

*스위프트(Jonathan Swift 1667~1745)_ 소설 〈걸리버 여행기〉의 작가.

#사교

Akutagawa

모든 사교는 스스로 허위가 필요하다. 만약 티끌만한 거짓말도 보태지 않고 친구와 지인들에 대한 우리의 속마음을 모조리 드러낸다면, 그 옛날 관포지교의 관계라도 끝장나고야 만다. 관포지교는 잠깐 내버려두더라도, 우리는 모두 얼마큼 친구와 지인을 증오하거나 또는 경멸한다. 그러나 증오도 이해 앞에선 날카로운 칼끝을 거둬들인다. 게다가 경멸이 많으면 많을수록 흔히 허위를 토해낸다. 그러므로 우리가 친구와 지인들을 가장 친하게 사귀기 위해선, 서로 이해와 경멸을 가장 완전히 갖춰야 한다. 이것은 물론 누구에게나 무척 어려운 조건이다. 그렇지 않다면 우리는 벌써 오래 전에 친절한 신사가 되었고, 세계도 또한 오래 전에 황금시대의 평화를 이루었으리라.

#허위

Akutagawa

나는 어떤 거짓말쟁이를 안다. 그녀는 누구보다 행복했다. 그러나 너무 거짓말에 능숙했기 때문에 사실을 이야기할 때조차 거짓말을 한다고밖에는 생각되지 않았다. 그 점은 확실히 누구의 눈에도 그녀의 비극임이 분명했다.

Akutagawa

나도 또한 모든 예술가처럼 오히려 거짓말에 능숙했다. 하지만 늘 그녀에게는 한 수 뒤쳐졌다. 그녀는 사실상 지난해에 했던 거짓말도 오 분 전에 한 거짓말처럼 기억한다.

Akutagawa

나는 불행히도 안다, 때론 거짓말에 의지해서 이야기할 수밖에 없는 진실도 있음을.

#경험

Akutagawa

경험에만 의지하는 일은, 소화력을 생각하지 않고 음식에만 의지하는 경우와 같다. 동시에 경험을 헛되게 하지 않는 능력에만 의지하는 일도, 또한 음식을 생각하지 않고 소화력에만 의지하는 경우와 같다.

#운명

Akutagawa

유전, 환경, 우연— 우리의 운명을 지배하는 것은 결국 이 세 가지다. 스스로 기뻐할 일은 기뻐해도 좋다. 그러나 타인을 왈가왈부하는 일은 주제 넘는 짓이다.

#자유의지와 숙명

Akutagawa

여하튼 숙명을 믿으면, 죄악 같은 것이 존재하지 않기 때문에 징벌의 의미도 잃고, 죄인을 대하는 우리의 태도도 관대해지리라. 동시에 자유의지를 믿으면, 책임 관념이 생기고 양심의 마비를 피할 수 있기 때문에, 자기 자신을 대하는 우리 태도는 반드시 엄숙해지리라. 그럼 어느 쪽을 따를 것인가?

나는 태연하게 대답하고 싶다. 반은 자유의지를 믿고, 반은 숙명을 믿어야 한다. 또는 반은 자유의지를 의심하고, 반은 숙명을 의심해야 한다. 왜냐하면 우리는 자기에게 주어진 숙명 때문에 우리의 아내를 맞아들이지 않았던가? 또한 우리는 자신에게 베풀어진 자유의지 때문에, 꼭 그렇지 않지만 아내의 요구대로 옷가지를 사줘야 하지 않는가?

자유의지와 숙명은 어쨌든 신과 악마, 아름다움과 추함, 용감과 비겁, 이성과 신앙— 그밖에 모든 저울의 양끝에는 이런 태도를 취해야 한다. 옛사람은 이런

태도를 중용이라고 불렀다. 중용은 영어로 굿 센스다. 내가 믿는 바로는 굿 센스가 없으면 어떠한 행복도 얻을 수 없다. 만약 그럼에도 얻을 수 있다면, 찌는 날씨에 숯불을 끌어안거나 매서운 추위에 부채를 부치는, 억지 행복일 뿐이다.

무사 수업

Akutagawa

나는 지금껏 무사 수업이란 사방의 검객들과 승부를 겨루며 무예를 닦는 일이라고 생각했다. 그러나 이제야, 사실상은 자기 자신만큼 강한 것은 세상에 별로 없음을 알았다.

— 미야모토 무사시전을 읽고 나서

#공포

Akutagawa

우리에게 무기를 잡게 하는 것은 언제나 적에 대한 공포다. 게다가 흔히 실재하지 않는 가공의 적에 대한 공포이다.

#기도 企圖

Akutagawa

이룬다는 일은 어려울 수도 있다. 그러나 바란다는 일은 언제나 어렵다. 적어도 충분히 이룰 수 있는 일을 바란다는 것은.

Akutagawa

그들 사람됨의 크고 작음을 알고자 하는 사람은 그들이 이룬 일로써 그들이 이루려하는 일을 보지 않으면 안 된다.

#블랑키*의 꿈

Akutagawa

우주 크기는 무한하다. 그렇지만 우주를 구성하는 것은 육십 몇 가지 원소다. 이 원소들의 결합이 제아무리 많은 수효에 이른다 해도, 끝내 유한이라는 한계를 벗어나진 못한다. 그렇다면 이 원소들로 무한대의 우주를 만들기 위해선 온갖 결합을 시도하면서, 갖가지 결합을 무한히 반복할 수밖에 없다. 그러고 보면 우리가 사는 지구도— 이러한 결합의 하나인 지구도 태양계의 한 행성이 아닌, 틀림없이 무수히 존재하리라. 이 지구의 나폴레옹은 마렝고 전투에서 대승했다. 하지만 망망한 허공에 떠 있는 다른 지구의 나폴레옹은 같은 마렝고 전투에서 대패했을지 모른다……

이것은 육십칠 세의 블랑키가 꿈꾼 우주관이다. 이에 시비 걸지 않겠다. 그저 블랑키는 감옥에서 이런 꿈을 글로 적었을 때, 모든 혁명에 절망했다. 이 사연만은 오늘날에도 여전히 무언가 우리 마음속에 스며

드는 쓸쓸함을 느끼게 한다. 꿈은 이미 지상에서 사라졌다. 우리도 위안을 찾기 위해선 몇 만억 마일의 하늘로— 우주의 밤에 걸린 제2의 지구로 빛나는 꿈을 비추지 않으면 안 된다.

*블랑키(Blanqui 1805~1881)_ 프랑스 공상사회주의자.

#난쟁이 어릿광대의 기도

Akutagawa

저는 이 색깔을 물들인 옷을 입고 공중제비 재주를 바치며 태평을 즐기면 부족함이 없는 어릿광대입니다. 제발 제 소원을 들어주세요.

제발 쌀 한 톨조차 없을 정도로 가난해지지 않게 해주세요. 제발 곰발바닥 요리마저 싫어질 정도로 부유해지게도 하지 말아주세요.

제발 뽕잎을 따는 시골여자조차 싫어하지 않도록 해주세요. 제발 후궁의 미인마저 사랑하게 하지도 말아주세요.

제발 콩과 보리도 구별 못할 정도로 어리석게 하지도 말아주세요. 제발 하늘을 떠도는 기운을 살필 정도로 총명하게도 하지 말아주세요.

그 중에서도 제발 용감한 영웅이 되지 않게 해주세요. 저는 지금 어쩌면 오르기 힘든 산봉우리의 꼭대기를 오르며 넘기 어려운 바다의 파도를 건너며— 말하자면 불가능을 가능토록 꿈꾸는 것입니다. 그런 꿈을 꾸고 있을 때만큼 두려운 적은 없습니다. 저는 용과 싸우듯이 이 꿈과 싸우는 데 괴로워하고 있습니다. 제발 영웅이 되지 않게— 영웅의 뜻을 세우지 않도록 힘없는 저를 지켜주세요.

저는 이 봄날 술에 취해 이 청춘의 노래를 부르며 이렇게 좋은 날을 기뻐하면 부족함이 없는 난쟁이입니다.

#S·M의 지혜

Akutagawa

이것은 친구 S·M이 나에게 들려준 이야기다.

변증법의 공적— 결국엔 누구도 바보 같은 결론에 도달하게 하는 점.

소녀— 어디까지나 맑고 차가운 여울.

조기 교육— 음, 그것도 좋겠지. 아직 유치원에 있는 동안은 지혜의 슬픔을 아는 데 책임질 필요는 없으니까.

추억— 지평선이 먼 풍경화. 꼼꼼하게 마지막 손질도 되어 있지.

여자— 메리 스톱스*부인에 따르면 여자는 적어도 두 주일에 한 번 남편에게 정욕을 느낄 만큼 정숙한 듯싶다.

어린 시절— 어린 시절의 우울은 전 우주에 대한 교만이다.

고난이 그대를 보석으로 만든다— 고난이 그대를

보석으로 만든다면 일상생활에서 사려 깊은 사람은 도저히 보석이 될 수 없겠지.

 우리는 어떻게 살아야 할까?— 미지의 세계를 조금 남겨둘 것.

*메리 스톱스(Marie Stopes 1880~1958)_ 영국 사회운동가, 산아 제한론자.

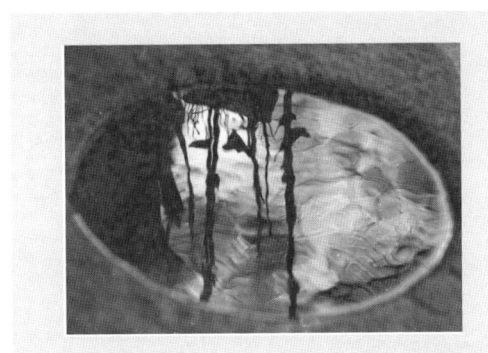

#지상낙원

Akutagawa

　지상낙원의 광경은 자주 시가로 읊어졌다. 그러나 나는 아직 유감스럽게도, 그런 시인의 지상낙원에서 살고 싶지 않다. 기독교도의 지상낙원은 결국 지루한 파노라마이리라. 도교 학자의 지상낙원도 결국 삭막한 중국 요릿집에 불과하리라. 하물며 근대의 유토피아 따위는— 윌리엄 제임스*가 전율한 것을 어떤 사람은 기억하리라.

　내가 꿈꾸는 지상낙원은 그런 천연의 온실이 아니다. 또한 그처럼 학교를 겸한 식당이나 의복배급소도 아니다. 다만 그곳에 살면— 부모는 아이가 성인이 됨과 더불어 반드시 죽는다. 그리고 남녀형제는 설사 악인으로 태어났다고 해도 결코 바보로는 태어나지 않아서 조금도 서로 귀찮게 하지 않는다. 게다가 여자는 아내가 되자마자 가축의 영혼이 머물러서 고분고분하게 변한다. 또 아이는 남녀를 불문하고 부모의

의지와 감정대로 하루에 몇 번씩이나 귀머거리와 벙어리와 겁쟁이와 장님이 된다. 그리고 갑이라는 친구는 을이라는 친구보다 가난하지 않고 동시에 을이라는 친구는 갑이라는 친구보다 부자가 되지 않는, 서로 상대를 칭찬하는 일에 더없는 만족을 느끼는— 대체로 이런 점을 생각하면 된다.

이것은 특별히 나 혼자만의 지상낙원이 아니다. 또한 세상 가득한 선남선녀의 지상낙원이다. 예로부터 시인과 학자는 그 황금빛 명상 속에서 이런 광경을 꿈꾸지 않았다. 꿈꾸지 않았다 해도 별로 이상한 일은 아니다. 이런 광경은 꿈꾸기에도, 너무나 진실한 행복으로 넘쳐 나기 때문이다.

※덧붙이는 말
  내 조카는 렘브란트 초상화 사는 것을 꿈꾼다. 그러나 그는 용돈을 십 엔 받는 것을 꿈꾸지 않는다. 이것도

십 엔이란 용돈은 너무나 진실한 행복으로 넘쳐나기 때문이다.

*윌리엄 제임스(William James 1842~1910)_ 미국의 철학자, 심리학자.

#적의

Akutagawa

적의는 추위처럼 선택의 여지가 없다. 적당히 느낄 때는 상쾌하며, 또한 건강 유지를 위해서 누구나 절대로 필요하다.

#호인

Akutagawa

여자는 늘 호인을 남편으로 맞아들이고 싶어하진 않는다. 그렇지만 남자는 호인을 항상 친구로 얻고 싶어한다.

Akutagawa

호인은 무엇보다도 먼저 천상의 신을 닮았다. 첫째 환희를 이야기하기에 좋다. 둘째 불평을 호소하기에 좋다. 셋째는 있어도 좋고, 없어도 좋다는 점이다.

#좋아함과 싫어함

Akutagawa

나는 오래된 술을 좋아하듯이 오래된 쾌락설을 사랑한다. 우리 행위를 결정하는 것은 선도 아니며 악도 아니다. 다만 우리의 좋아함과 싫어함에 달렸다. 또는 우리의 유쾌함과 불쾌함에 좌우된다. 그렇게밖에 나는 생각할 수 없다.

그럼 왜 우리는 몹시 추운 날씨에도 막 물에 빠져 익사하려는 어린이를 볼 때, 자진해서 물에 들어가는 것일까? 목숨 구하는 일을 유쾌하게 여기기 때문이다. 그럼 물에 들어가는 불쾌함을 무릅쓰고 아이를 구하는 유쾌함을 선택하는 행동은 어떤 기준 때문일까? 더 큰 유쾌함을 선택한 탓이다. 그러나 육체적 쾌·불쾌와 정신적 쾌·불쾌는 동일한 기준으로 잴 수 없다. 아니, 이 두 가지 쾌·불쾌는 완전히 양립하지 않는다. 오히려 짠물과 민물처럼 하나로 융합되어 있다. 실제로 정신적인 교양을 받지 않은 교토, 오사카 부근의 신사제군은 자라 국물을 마신 뒤에 장어를

반찬으로 밥 먹는 일조차 더할 수 없는 쾌락으로 열거하지 않는가?

또 찬물과 추위에서도 육체적 향락을 느끼는 일은 한중 수영寒中水泳이 보여주는 바이다. (그래도 이런 사실을 의심하는 사람은 마조히즘의 경우를 생각해 보라. 그 저주할 마조히즘은 이런 육체적 쾌·불쾌의 외견상 도착에다 상습적 경향이 더해진 것이다. 내가 믿는 바로는, 더러는 죽을 때까지 기둥 위에 선 채로 있는 고행을 기뻐하고, 기둥에 묶여 창에 찔리고 화형을 당하는 순교를 사랑한 기독교 성인들은 대부분 마조히즘에 걸렸던 것 같다.)

우리 행위를 결정하는 것은 옛날 그리스인이 말했듯이, 좋음과 싫음밖에는 없다. 우리는 인생의 샘에서 최대의 맛을 퍼내지 않으면 안 된다. '바리새인처럼 슬픈 얼굴을 하지 말라.' 예수조차 이미 그렇게 말하지 않았는가. 현인이란 끝내 가시밭길에서도 장미꽃을 피우는 사람을 말한다.

#참나무 잎

Akutagawa

완전한 행복은 백치에게만 주어진 특권이다. 어떤 낙천주의자라고 해도 시종 웃는 얼굴로 삶의 마침표를 찍을 수 없다. 아니, 만약 정말로 낙천주의를 인정한다면, 그것은 다만 어떻게 하면 행복하게 절망할까 하는 식이다.

'집에서 그릇에 담는 밥도 노숙여행 중에는 참나무 잎에 담는다.'는 말은 여행의 정취만을 노래하지 않는다. 우리는 언제나 '…하고 싶다'는 욕망 대신에 '…할 수 있다'는 가능성과 타협한다. 학자는 이 참나무 잎에 여러 가지 아름다운 이름을 지어주었으리라. 하지만 아무 생각 없이 참나무 잎을 손으로 잡고 보면 참나무 잎은 항상 참나무 잎이다.

참나무 잎이 참나무 잎임을 한탄하는 일은 참나무 잎이 밥그릇임을 주장하는 일보다 확실히 존경할 만하다. 그렇지만 참나무 잎이 참나무 잎임을 하나의 웃음거리로 여기는 일보단 지루하리라. 적어도 한평생

동안 같은 한탄을 반복하는 데 질리지 않는 일은 우스꽝스럽고 부도덕한 짓이다. 사실 위대한 염세주의자는 찌푸린 얼굴만 하고 있지 않다. 불치병에 걸린 레오파르디*조차 때론 창백한 장미꽃에 쓸쓸한 미소를 보였다······.

※덧붙이는 말
부도덕이란 과도함의 다른 이름이다.

*레오파르디(Giacomo Leopardi 1798~1837)_ 이탈리아 시인.

#신

Akutagawa

모든 신의 속성 중에서 가장 신을 동정할 만한 일은, 신은 자살할 수 없다는 사실이다.

Akutagawa

우리는 신을 매도하고 묵살할 무수한 이유를 발견한다. 하지만 불행하게도 일본인은 매도하고 묵살할 만한 전능한 신을 믿지 않는다.

#자살

Akutagawa

모든 사람에게 공통하는 유일한 감정은 죽음의 공포다. 도덕적으로 자살을 나쁘게 말하는 것도 반드시 우연이 아닐지도 모른다.

Akutagawa

자살에 대한 몽테뉴의 변호는 많은 진리를 포함한다. 자살하지 않는 사람은 자살하지 않는 게 아니다. 자살할 수 없는 것이다.

Akutagawa

―죽고 싶다면 언제라도 죽을 수 있다네.
―그럼 시험 삼아 해보게.

#아킬레스

Akutagawa

그리스의 영웅 아킬레스는, 발뒤꿈치만 불사신이 아니었다고 한다. 즉 아킬레스를 알기 위해선 아킬레스의 발뒤꿈치를 알아야 한다.

#불타

Akutagawa

싯다르타는 왕궁에서 몰래 빠져나간 뒤 6년 동안 고행을 했다. 6년간 고행을 한 까닭은, 물론 극도로 사치스런 왕궁 생활의 응보 때문이었다. 그 증거로, 나사렛의 목수 아들은 40일밖에 단식하지 않았다고 한다.

Akutagawa

싯다르타는 찬다카에게 말고삐를 잡게 하여 몰래 성을 빠져나왔다. 그러나 지나치게 깊이 생각하는 버릇은 자주 그를 우울하게 만들었다고 한다. 그러면 성을 몰래 빠져나간 뒤, 겨우 한숨을 돌린 사람은 사실상 장래의 석가모니였을까, 아니면 그의 아내 야수다라* 이었을까, 쉽게 단정할 수 없을 성싶다.

*찬다카_ 싯다르타가 출가할 때 마부로서 도운 인물. 깨달음을 얻은 후 아라한이 되었다.
*야수다라_ 석가모니가 출가하기 전의 왕비. 석가모니의 외사촌으로 석가모니가 도를 깨달은 후 출가하여 비구니가 되었다.

Akutagawa

싯다르타는 6년간 고행을 한 후 보리수 밑에서 참다운 깨달음에 이르렀다. 그가 깨달음에 이른 전설은 얼마나 물질이 정신을 지배하는가 말해준다. 그는 먼저 목욕을 했다. 그리고 우유에 쌀을 졸인 음식을 먹었다. 그러고 나서 나중에 난다바라라 불리는 소몰이 소녀와 이야기했다.

도박

Akutagawa

우연, 곧 신과 싸우는 사람은 늘 신비한 위엄에 가득 차 있다. 도박꾼도 또한 마찬가지다.

Akutagawa

예로부터 도박에 열중한 염세주의자가 없음은 얼마나 도박이 인생을 닮았는지 보여준다.

Akutagawa

법률이 도박을 금지함은 도박에 의한 부의 분배법을 비난하기 때문이 아니다. 사실 다만 그 경제적 딜레탕티슴*을 비난하려는 것이다.

*딜레탕티슴_ 정당한 보수가 아닌, 도락이나 취미로 불로소득을 얻으려는 부도덕함.

#회의주의

Akutagawa

회의주의도 하나의 신념 위에— 의심한다는 사실은 의심하지 않는다는 신념 위에 서 있다. 과연 그것은 모순일지도 모른다. 그러나 회의주의는 또한, 조금도 신념 위에 서 있지 않은 철학이 있다는 것도 의심한다.

#화성

Akutagawa

화성인의 유무를 묻는 일은 우리의 오감으로 느낄 수 있는 화성인의 유무를 묻는다는 뜻이다. 하지만 생명은 반드시 우리의 오감으로 느낄 수 있는 조건을 갖췄다고 할 수 없다. 만약 화성인이 우리의 오감을 초월한 존재라면, 그들의 한 무리가 오늘 밤에도 또한 플라타너스를 노랗게 물들이는 가을바람과 함께 긴자 거리에 와 있는지도 모른다.

Part III 우리가 서로 사랑한다는 것

연애의 징후는 그녀와 닮은 얼굴을 발견하는 데
극도로 예민해지는 일이다

#그들

Akutagawa

나는 실로 그들 부부가 사랑하는 마음 없이 서로 껴안고 사는 점에 경탄했다. 하지만 그들은 어떤 이유에서인지, 연인들이 서로 껴안고 죽는 일에 놀라워했다.

#다망 多忙

Akutagawa

우리를 연애에서 구해주는 것은 이성보다 오히려 일의 바쁨이다. 연애도 또한 완전히 실행하기 위해선 무엇보다도 시간이 있어야 한다. 베르테르, 로미오, 트리스탄— 예로부터 연인들을 생각해보더라도, 그들은 모두 한가한 사람들뿐이었다.

#사랑은 죽음보다 강하다

Akutagawa

'사랑은 죽음보다 강하다'는 말은 모파상의 소설에도 있다. 그러나 죽음보다 강한 것은 물론 이 세상에 사랑뿐만이 아니다. 예컨대 티푸스 환자가 비스킷을 하나 먹었기 때문에 애꿎게 죽는 일은 식욕도 죽음보다 강하다는 증거다. 식욕 말고도 애국심이라든가 종교적인 감격, 인도적 정신, 사리사욕, 명예심, 범죄적 본능— 이밖에도 죽음보다 강한 것은 아주 많다. 한마디로 모든 정열은 죽음보다 강하다. (물론 죽음을 향한 정열은 예외다.) 그런데 사랑은 그런 것들 중에서도 특히 죽음보다 강한지 어떤지 쉽게 단정할 수 없다. 언뜻 보기에 죽음보다 강한 사랑이라고 보기 쉬운 경우조차, 사실상 우리를 지배하는 것은 프랑스인의 이른바 보바리즘이다. 우리 자신을 전설 속의 애인처럼 공상하는 보바리 부인 이후의 감상주의다.

#처녀 숭배

Akutagawa

우리는 처녀를 아내로 맞아들이기 위해서 얼마나 아내 선택에 우스꽝스러운 실패를 거듭하였는가. 이젠 바야흐로 처녀 숭배에 등을 돌려도 좋을 때다.

처녀 숭배는 처녀란 사실을 알고 난 뒤에 시작하는 법이다. 즉 솔직한 감정보다 아주 하찮은 지식을 중시하는 셈이다. 이런 까닭에 처녀 숭배자는 연애의 현학자라고 해야 한다. 모든 처녀 숭배자가 겉보기엔 뭔가 엄숙한 태도를 취하는 것도 우연이 아닐지도 모른다.

물론 처녀다움의 숭배는 처녀 숭배와 다르다. 이 둘을 동의어로 생각하는 사람은 아마도 여자의 배우적인 재능을 너무 가볍게 본 탓이다.

#연애

Akutagawa

연애는 다만 성욕의 시적 표현을 받은 것이다. 적어도 시적 표현을 받지 못한 성욕은 연애라고 부를 만한 가치가 없다.

#결혼

Akutagawa

결혼은 성욕을 조절하는 데 유효하다. 그러나 연애를 조절하기 위해선 유효하지 않다.

Akutagawa

그는 이십 대에 결혼한 뒤에, 한 번도 연애관계에 빠지지 않았다. 어쩌면 이토록 저속한가!

#남자

Akutagawa

남자는 원래 연애보다 일을 존중하는 법이다. 만약 이 사실을 의심한다면, 발자크*의 편지를 읽어 보라. 발자크는 한스카 백작부인에게 보내는 편지에서 '이 편지도 원고료로 환산한다면 몇 프랑이 넘는다'고 썼다.

*발자크(1799~1850)_ 프랑스 소설가. 19세기 프랑스 사실주의의 선구자.

#여인

Akutagawa

건전한 이성은 명령한다.

"그대는 여인을 가까이 하지 마라."

그러나 건전한 본능은 전혀 반대로 명령한다.

"그대는 여인을 피하지 마라."

Akutagawa

여인은 우리 남자에겐 바로 인생 그 자체이다. 이를 테면 모든 악의 근원이다.

#여자 얼굴

Akutagawa

여자는 정열에 사로잡히면 이상하게도 소녀 같은 얼굴을 한다. 하기는 정열적으로 된다면야 파라솔에 대한 정열이라도 좋다.

#옷차림

Akutagawa

적어도 여성의 옷차림은 여자 자신의 한 부분이다. 게이키치*가 유혹에 빠지지 않았던 이유는 물론 도덕관념 때문이다. 그러나 그를 유혹한 여인은 게이키치의 아내 옷을 빌려 입었다. 만약 옷을 빌려 입지 않았다면, 어쩌면 게이키치를 그토록 쉽사리 유혹하지 못했으리라.

*게이키치_ 기쿠치 간(菊池寬 1888~1948)의 작품 「게이키치의 유혹」에 나오는 인물

#여인 숭배

Akutagawa

'영원한 여성이 되는 것'을 숭배한 괴테는 확실히 행복한 사람 중의 한 명이다. 하지만 야후*의 암컷을 경멸했던 스위프트는 미쳐서 죽었다. 이것은 여성의 저주일까? 혹은 이성의 저주일까?

*야후Yahoo_ 영국 작가 J. 스위프트의 소설 「걸리버 여행기」에 나오는 인종.

#체호프의 말

Akutagawa

체호프는 그의 수기에서 남녀차별을 논한다.
"여자는 나이 들면서 차츰차츰 여자의 일에 종사하게 되며 남자는 나이 들면서 차츰차츰 여자의 일에서 멀어진다."

그러나 체호프의 말은, 남녀가 모두 나이 먹을수록 스스로 이성과 교섭을 멀리한다는 것과 같다. 이것은 세 살배기 아이도 이미 아는 사실이다. 뿐만 아니라 남녀차별보다 오히려 무차별을 보여주는 말이다.

#징후

Akutagawa

연애의 한 징후는 그녀가 과거에 남자 몇 명과 사랑했었는가, 또는 어떤 남자를 사랑했었는가 생각하며 그 가공의 몇 사람에게 막연한 질투를 느끼는 일이다.

Akutagawa

또 하나 연애의 징후는 그녀와 닮은 얼굴을 발견하는 데 극도로 예민해지는 일이다.

#예법

Akutagawa

어느 여학생이 내 친구에게 이런 일을 물었다고 한다.

"도대체 키스할 때는 눈을 감아야 하나요? 아니면 뜨고 있어야 하나요?"

모든 여학교의 교과목에 연애에 관한 예법이 없음을 나도 이 여학생처럼 자못 유감스럽게 생각한다.

#코

Akutagawa

클레오파트라의 코가 삐뚤어졌다면 세계 역사는 달라졌을 것이란 이 말은 유명한 파스칼의 경구다. 하지만 사랑하는 사람은 거의 실상을 보지 않는다. 아니, 우리의 자기기만은 일단 연애에 빠지면 가장 완전히 이루어진다.

안토니도 예외가 아니어서 클레오파트라의 코가 삐뚤어졌다고 해도, 짐짓 그것을 보지 않으려 했으리라. 또한 보지 않을 수 없는 경우에도 그 단점을 보충할 무언가 다른 장점을 찾았으리라. 무언가 다른 장점을 찾는다면 우리의 사랑하는 사람만큼 무수한 장점을 지닌 여성은 세상에 틀림없이 한 명도 없다. 안토니도 반드시 우리처럼 클레오파트라의 눈이나 입술에서, 보충하고도 남아도는 장점을 찾아냈으리라. 거기에 또 예의 '그녀의 마음!' 사실 우리의 연인은 예로부터 지금껏 질리도록 한결같이 아름다운 마음의 소유자다. 게다가 그녀의 복장이나 그녀의 재산,

또는 그녀의 사회적인 지위라든가— 그런 것들도 장점일 수 있다. 더욱 심한 경우를 든다면, 이전에 어느 유명인사의 사랑을 받았다고 하는 사실 혹은 소문조차 장점의 하나로 열거한다. 더구나 저 클레오파트라는 호화스런 사치와 신비로 가득한 이집트의 마지막 여왕이지 않은가? 향기로운 연기가 피어오르는 가운데 왕관의 주옥이 반짝이며, 연꽃 같은 것을 만지작거리면 다소 코가 삐뚤어졌다고 해도 그 흠은 누구의 눈에라도 띄지 않았으리라. 하물며 안토니의 눈에서랴.

이런 우리의 자기기만은 오직 연애뿐만이 아니다. 우리는 얼마간 차이는 있지만 대부분 우리가 원하는 대로 실상을 여러 가지로 덧칠하여 바꾼다. 이를테면 치과 간판을 보더라도 그것이 우리 눈에 들어오는 이유는 간판의 존재 자체보다, 간판이 있길 바라는 마음— 더 나아가서 우리의 치통 때문이지 않을까? 물론, 우리의 치통 따위는 세계 역사와 상관없다. 그러나 이런 자기기만은 민심을 알려는 정치가에게도,

적의 상황을 알려는 군인에게도, 또는 재정 상태를 알려는 실업가에게도 으레 일어나곤 한다. 나는 자기기만을 수정해야만 하는 이성과 지혜의 존재를 부정하지 않는다. 또 마찬가지로 여러 가지 세상사를 다스리는 '우연'의 존재도 인정한다. 하지만 모든 정열은 이성의 존재를 잊어버리기 쉽다. '우연'은 말하자면 신의 의지다. 그렇다면 우리의 자기기만은 세계 역사를 좌우하는, 가장 영구한 힘인지도 모른다.

결국 이천여 년의 역사는 하찮은 일개 클레오파트라의 코 여하에 달려있었던 게 아니었다. 오히려 지상에 가득한 우리의 어리석음 때문이었다. 비웃음을 살 만한— 그러나 장엄한 우리의 어리석음 탓이었다.

#연애와 죽음

Akutagawa

연애가 죽음을 연상하게 하는 점은 진화론적인 근거가 있는지도 모른다. 거미나 벌은 교미가 끝나면 바로 수컷은 암컷에게 죽게 된다. 나는 이탈리아 순회배우가 가극 '카르멘'을 연기하는 것을 보았을 때, 아무리 생각해도 카르멘의 일거일동에서 벌을 느끼지 않을 수 없었다.

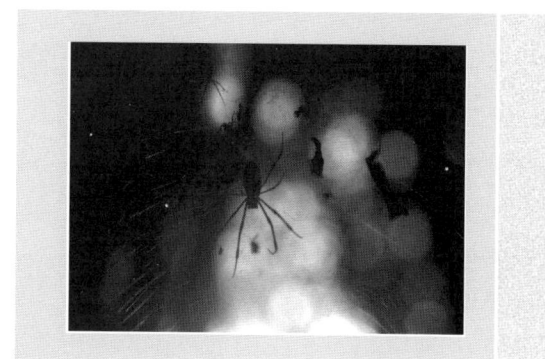

#대역

Akutagawa

우리는 그녀를 사랑하기 위해서 이따금 다른 여인으로 그녀를 대신한다. 이런 처지에 떨어지는 경우는 반드시 그녀가 우리를 거절한 때에 한정된다고 할 수 없다. 우리는 때론 겁도 많고 마음도 약해서, 때론 미적 요구 때문에 이 잔혹한 위안의 상대로 한 여인을 이용할지도 모른다.

#스캔들

kutagawa

　대중은 스캔들을 사랑한다. 뱌쿠렌*사건, 아리시마* 사건, 무샤노코지*사건— 사람들은 얼마나 이런 남의 명예가 달린 사건들에서 더없는 만족을 찾아내는가. 그럼 왜 사람들은 스캔들을— 특히 유명인사의 스캔들을 사랑하는 것일까? 구르몽*은 이렇게 대답했다.

"감춰진 자기 스캔들도 당연한 일인 듯 보여주기 때문이다."

　구르몽의 대답은 맞는 말이다. 하지만 반드시 그뿐만이 아니다. 스캔들조차 일으킬 수 없는 세상 사람들은 모든 명사의 스캔들에서, 그들이 겁내는 일을 변명할 적당한 무기를 발견한다. 또한 사실상 존재하지 않는 그들의 우월을 수립할 적당한 토대를 만든다.

"나는 뱌쿠렌 여사보다 미인은 아니다. 그러나 뱌쿠렌 여사보다 정숙하다."

"나는 무샤노코지보다……"

　대중은 이렇게 말한 뒤에 돼지처럼 행복하게 깊은

잠에 들었으리라.

*뱌쿠렌(柳原白蓮, 1885~1967)_ 여자 가수.
*아리시마(有島武郎, 1878~1923)_ 소설가.
*무샤노코지(武者小路實篤, 1885~1976)_ 작가.
*구르몽(Remy de Gourmont, 1858~1915)_ 프랑스의 소설가, 비평가.

Akutagawa

천재의 일면은 확실히 스캔들을 일으킬 수 있는 재능이다.

#세속적인 지혜

Akutagawa

불을 끄는 일은 방화만큼 쉽지 않다. 이런 세속적인 지혜의 대표적인 소유자는 틀림없이 「벨아미*」의 주인공이다. 그는 연인을 사귈 때에도 확실하게 절연할 방법을 생각한다.

*「벨아미Bel Ami」_ 프랑스의 작가 모파상이 쓴 장편소설.

Akutagawa

단순히 세상에 대한 것뿐이라면, 정열의 부족 따위에 고뇌하지 않아도 좋다. 그보다 오히려 위험한 일은, 확실히 냉담함의 부족이다.

#어느 노련한 사람

Akutagawa

그는 역시 노련한 사람이다. 스캔들을 일으키지 않을 때엔 연애조차 거의 하지 않는다.

Part IV 우리 사는 이 세상에서

묵묵히 참고 따르는 일은 로맨틱한 비굴이다

#정치가

Akutagawa

정치가가 우리 문외한들보다 정치상의 지식을 자랑할 수 있는 경우는 어수선한 사실의 지식뿐이다. 결국 아무 당의 아무 대표는 어떤 모자를 쓴다는 따위와 별 차이 없는 지식뿐이다.

이른바 '이발소 정치가'란 이러한 지식이 없는 정치가다. 식견으로 말하자면 반드시 정치가만 못하지 않다. 또 이해를 초월한 정열에서도 언제나 정치가보다 고상하다.

#정치적인 천재

Akutagawa

예로부터 정치적인 천재는 민중의 의지를 그 자신의 의지로 삼는 것처럼 여겨졌다. 그러나 이는 정반대다. 오히려 정치적인 천재란 그 자신의 의지를 민중의 의지로 삼는 사람을 말한다. 적어도 민중의 의지인 것처럼 믿게 하는 사람을 말한다. 이런 까닭에 정치적인 천재는 배우적인 천재를 아울러 갖추는 듯싶다. 나폴레옹은 '장엄함과 우스꽝스러움은 겨우 한 발자국 차이다.'고 말했다. 이 말은 제왕이라기보다는 명배우의 말이라는 편이 어울릴 듯하다.

Akutagawa

민중은 대의를 믿는다. 하지만 정치적인 천재는 늘 대의 그 자체에 돈 한 푼도 던지지 않는다. 다만 민중을 지배하려고 대의의 가면을 쓴다. 그렇지만 한 번 쓰기만 하면 대의의 가면은 영영 벗을 수 없다. 만약 억지로 벗기려 한다면 어떤 정치적인 천재도 한순간 비명에 쓰러지고 만다. 끝내 제왕도 왕관 때문에 스스로 지배받는다. 그러므로 정치적인 천재의 비극은 반드시 희극과 겹쳐진다.

#거짓말

Akutagawa

우리는 어떤 경우에도 우리의 이익을 옹호하지 않는 사람에게 '깨끗한 한 표'를 던질 리 없다. 이 '우리의 이익' 대신 '천하의 이익'으로 바꿔놓는 것은 모든 공화제도의 거짓말이다. 이 거짓말만큼은 어떤 정치체제하에서도 소멸하지 않으리라고 생각해야 한다.

Akutagawa

우리 사회에 합리적인 외관을 주는 것은 사실상 그 불합리— 그 너무나 심한 불합리 탓이 아닐까?

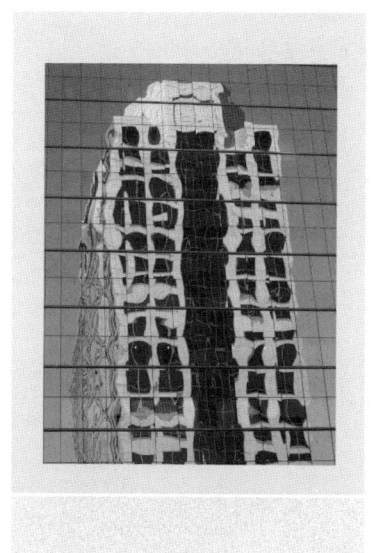

#혁명

Akutagawa

혁명 위에 혁명을 더해라. 그러면 우리는 오늘날보다 합리적으로 사바세계의 고통을 겪게 되리라.

#인종 忍從

Akutagawa

묵묵히 참고 따르는 일은 로맨틱한 비굴이다.

#민중

Akutagawa

민중은 온건한 보수주의자다. 제도, 사상, 예술, 종교— 무엇이든 민중의 사랑을 받기 위해선, 앞선 시대의 옛 빛깔을 띠지 않으면 안 된다. 이른바 민중예술가가 민중의 사랑을 받지 못하는 까닭은 반드시 그들의 잘못만은 아니다.

Akutagawa

민중의 어리석음을 발견하는 일은 반드시 자랑거리는 아니다. 그러나 우리 자신도 또한 민중임을 발견하는 일은 어쨌든 자랑할 만하다.

#위대함

Akutagawa

민중은 인격이나 사업의 위대함에 농락당하는 일을 사랑한다. 하지만 위대함에 직면하는 일은 유사 이래 사랑했던 적이 없다.

#우상

Akutagawa

누구도 우상을 파괴하는 일에 반대하는 사람은 없다. 또한 그 자신을 우상으로 삼는 일에 반대하는 사람도 없다.

그러나 태연히 우상이 되는 일은 아무나 할 수 없다. 물론 천운을 제외한 예라고 해도.

#여론

Akutagawa

여론은 항상 린치lynch이며, 또한 린치는 항상 오락이다. 이를테면 권총을 사용하는 대신 신문기사를 이용했더라도.

Akutagawa

여론이 존재할 가치가 있는 이유는, 다만 여론을 유린하는 흥미를 제공하는 데 있다.

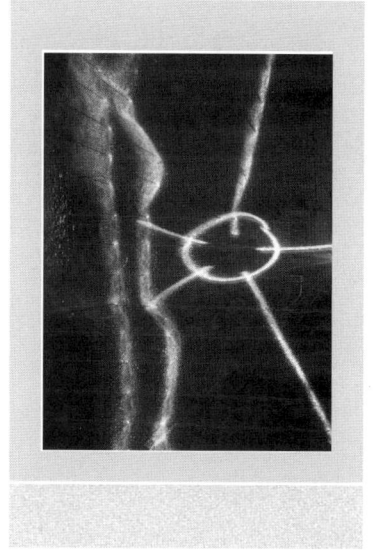

#사실

Akutagawa

하지만 어수선한 사실의 지식은 늘 민중이 사랑한다. 그들이 가장 알고 싶은 일은 사랑이란 무엇인가 하는, 이런 것이 아니다. 예수가 사생아인지 아닌지 하는, 이런 것이다.

#노예

Akutagawa

노예 폐지란 오직 노예라는 자의식을 폐지함을 말한다. 우리 사회는 노예 없이는 하루도 안전을 유지하기 힘들 성싶다. 사실상 저 플라톤의 공화국조차 노예의 존재를 예상한 것은 반드시 우연이라고 할 수 없다.

Akutagawa

폭군을 폭군이라고 부르는 일은 확실히 위험하다. 그러나 오늘날 폭군 말고 노예를 노예라고 부르는 일도 또한 매우 위험하다.

#군인

Akutagawa

이상적인 군인은 적어도 상관의 명령에는 절대 복종해야 한다. 절대 복종하는 일은 절대로 비판하지 않는다. 곧 이상적인 군인은 먼저 이성을 잃어야만 한다.

Akutagawa

이상적인 군인은 적어도 상관의 명령에는 절대 복종해야 한다. 절대 복종하는 일은 절대로 책임을 지지 않는다. 곧 이상적인 군인은 먼저 무책임을 좋아해야만 한다.

#무기

Akutagawa

정의는 무기와 같다. 무기는 돈만 내면 적이든 아군이든 살 수 있다. 정의도 핑계를 대기만 하면 적이든 아군이든 살 수 있다. 예로부터 '정의의 적'이란 이름은 포탄처럼 서로 쏘아댔다. 그러나 수사에 현혹되지 않는다면 어느 쪽이 진짜 '정의의 적'인지 거의 확실한 예가 없었다.

일본인 노동자는 다만 일본인으로 태어났기 때문에 파나마로부터 퇴거 명령을 받았다. 이것은 정의에 반한다. 아메리카는 신문이 전하는 바처럼 '정의의 적'이라고 말하지 않으면 안 된다. 하지만 중국인 노동자도 또한 중국인으로 태어났기 때문에 센주千住로부터 퇴거 명령을 받았다. 이것도 정의에 반한다. 일본은 신문이 전하는 바처럼 아니, 일본은 이천 년 이래 언제나 '정의의 편'이다. 정의는 지금까지 일본의 이해와 한 번도 모순된 적이 없었다.

무기 그 자체는 두려울 것이 없다. 두려운 것은 무

인의 기량이다. 정의 그 자체도 두려울 것이 없다. 두려운 것은 선동가의 웅변이다. 무후*는 세상을 염두에 두지 않고 냉정하게 정의를 유린했다. 그렇지만 이경업의 난을 맞아 낙빈왕*의 회장回章을 읽었을 땐 어쩔 수 없이 얼굴색이 변했다.

일배토미건一杯土未乾 육척고안재六尺孤安在

 한 줌 흙은 아직도 마르지 않았는데 육 척의 고독한 몸은 어디에 있느냐.

 이 쌍구는 타고난 민중선동가 기질이 없으면 나올 수 없는 명언이기 때문이었다. 나는 역사를 뒤적일 때마다 유슈칸*을 생각한다. 과거라는 이름의 복도엔 어두컴컴한 가운데 가지각색 정의가 진열되어 있다. 청룡도와 닮은 것은 유교가 가르치는 정의이리라. 기사의 창과 닮은 것은 기독교가 가르치는 정의이리라. 여기에 굵은 몽둥이가 있다. 이것은 사회주의자의 정의이리라. 저기에 수술이 달린 긴 칼이 있다. 저것은 국가주의자의 정의이리라. 나는 그러한 무기를 보면

서 숱한 전쟁을 상상하고 저절로 심장 고동이 고조될 때가 있다. 하지만 아직 행인지 불행인지 나 자신은 그 무기 중의 하나를 잡고 싶다고 생각한 적은 없다.

*무후(武后)_ 측천무후, 당나라 고종의 황후.
*낙빈왕(駱賓王)_ 당나라의 시인.
*유슈칸(遊就館)_ 야스쿠니 신사 소속의 무기 박물관.

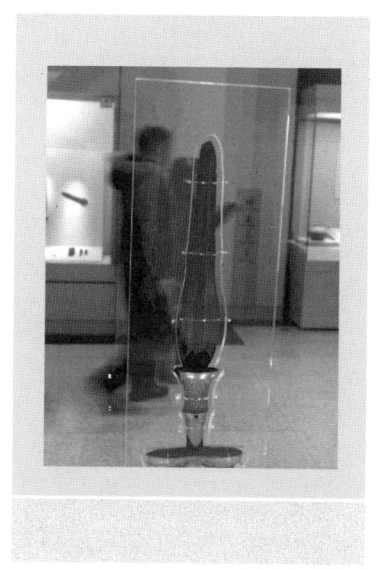

#아이

Akutagawa

 군인은 아이와 비슷하다. 영웅다운 태도를 기뻐하며, 이른바 영광을 선호하는 것은 새삼스럽게 여기에서 말할 필요도 없다. 기계적인 훈련을 품위 있게 하며 동물적인 용기를 중시하는 것도 초등학교에서만 볼 수 있는 현상이다. 살육을 아무렇지도 않게 여기는 점도 더더욱 아이와 다를 바 없다. 특히 아이와 유사한 점은, 나팔소리나 군가로 고무 받으면, 무엇을 위해 싸우는지 묻지도 않고 흔연히 적에게 달려든다는 사실이다.

 따라서 군인이 자랑으로 삼는 것은 반드시 아이의 장난감과 비슷하다. 갑옷과 투구는 성인 취향엔 어울리지 않는다. 훈장도— 나는 정말로 이상하게 느낀다. 어째서 군인들은 술에 취하지 않고서도 훈장을 달고 돌아다닐 수 있는 것일까?

#중국

Akutagawa

개똥벌레의 유충은 달팽이를 먹기 전에 완전히 달팽이를 죽이지 않는다. 언제나 신선한 고기를 먹기 위해서 달팽이를 마비시켜 놓기만 한다. 우리 일본제국을 비롯하여, 열강이 중국을 대하는 태도는 필경 이 달팽이에 대한 개똥벌레의 태도와 다를 바 없다.

#어느 좌경주의자

Akutagawa

그는 극좌익보다 더한 좌익이다. 그러므로 극좌익마저 경멸한다.

#어느 일본인의 말

Akutagawa

나에게 스위스를 달라. 그렇지 않으면 언론의 자유를 달라.

Part V 인생은 짧고 예술은 길다

내려치는 해머의 리듬을 들어라
저 리듬이 있는 한,
예술은 영원히 멸망하지 않으리라

#예술

Akutagawa

그림의 힘은 삼백 년, 글의 힘은 오백 년, 문장의 힘은 천고무궁하다고 왕세정*은 말했다. 그러나 돈황에서 발굴된 유물을 보건대, 서화는 오백 년이 지난 뒤에도 의연히 힘을 잃지 않는 듯하다. 그밖에 문장도 천고무궁하게 힘을 보전하는지 어떤지는 의문이다. 관념도 시간의 지배에 초연할 수 없다. 우리 선조는 '신'이란 말에 사모관대의 인물을 연상했다. 하지만 우리는 같은 말에 수염이 긴 서양인을 연상한다. 이것은 다만 신에 한하지 않고 모든 경우에 일어날 수 있는 일이라고 생각해야 한다.

*왕세정(王世貞)_ 중국 명나라 문인.

Akutagawa

예술도 여자와 같다. 가장 아름답게 보이기 위해선 한 시대의 정신적 분위기 또는 유행에 둘러싸이지 않으면 안 된다.

#창작

Akutagawa

 예술가는 언제나 의식적으로 자기 작품을 만드는지도 모른다. 하지만 작품 자체를 본다면 작품의 아름다움과 추함 그 일부분은 예술가의 의식을 초월한 신비의 세계에 속한다. 일부분? 또는 대부분이라고 해도 좋다. 우리는 이상하게도 질문하지 않고 이야기하는 데 그친다. 우리 영혼은 자연히 작품에 노출되는 것을 피할 수 없다. 불상을 조각할 때, 칼을 한 번 댈 때마다 한 번 절을 한 옛사람의 조심성은, 이런 무의식의 경지에 대한 두려움을 말하는 것이 아닐까?

 창작은 늘 모험이다. 마침내 최선을 다한 뒤 하늘에 맡겨야 한다.

소시학어고난원 少時學語苦難圓
유도공부반미전 唯道工夫半未全
도로시지미력취 到老始知非力取
삼분인사칠분천 三分人事七分天

어려서 배울 때 쉽지 않음을 괴로워한다.
다만 공부가 완전하지 못함을 말할 뿐이다.
늙어서 비로소 힘으로 어쩔 수 없음을 깨닫는다.
삼 할은 사람의 노력이고 칠 할은 하늘의 뜻이다.

조구북*의 「논시論詩」 칠절七絶은 저간의 사정을 전한다. 예술은 묘하게 끝을 알 수 없는 무서운 힘이 있다. 우리도 돈을 탐내지 않는다면, 또 명성을 좋아하지 않는다면, 마지막으로 거의 병적인 창작열에 사로잡히지 않는다면, 이 섬뜩한 예술 따위와 격투할 용기가 생기지 않았을지도 모른다. 나는 솔직히 창작만은 적어도 이삼 년 전부터, 재능도 없고 그 직분에 맞지 않는다고 포기하고 있었다.

*조익(趙翼)_ 중국 청나라 문인. 구북甌北은 호.

#감상

Akutagawa

예술 감상은 예술가 자신과 감상하는 사람의 협력이다. 말하자면 감상하는 사람은 한 작품을 과제로 그 자신의 창작을 시도해 보는 것에 불과하다. 이러한 까닭에 어떤 시대에도 명성을 잃지 않는 작품은, 반드시 여러 가지 감상을 가능하게 하는 특색이 있다. 그러나 여러 가지 감상이 가능하다는 의미는, 아나톨 프랑스가 말한 대로, 어딘가 모호하기 때문에, 어떠한 해석을 내리기에도 쉽다는 뜻은 아니다. 오히려 여산廬山의 봉우리처럼, 여러 처지에서 감상할 수 있는 다면성多面性을 갖춘 것이다.

내가 사랑하는 작품

Akutagawa

내가 사랑하는 작품은— 문예상의 작품은 결국 작가의 인간을 느낄 수 있는 작품이다. 인간을— 두뇌와 심장과 관능을 제대로 갖춘 하나의 인간을. 그렇지만 불행하게도 작가 대부분은 어딘가 한 가지가 빠진 불구자다. (하긴 가끔 위대한 불구자에게 탄복하는 수도 있지만.)

#고전

Akutagawa

고전 작가가 행복한 까닭은, 어쨌든 그들이 죽었다는 데 있다.

그리고 우리가— 또는 여러분이 행복한 까닭도 어쨌든 그들이 죽었다는 데 있다.

#톨스토이

Akutagawa

비류코프*의 톨스토이 전기를 읽으면, 톨스토이의 「나의 참회」나 「나의 종교」가 거짓말이었음이 확실하다. 그렇지만 그 거짓말을 줄곧 이야기해왔던 톨스토이의 마음만큼 애처로운 것은 없다. 그의 거짓말은 다른 사람의 진실보다도 훨씬 붉은 피를 흘리고 있다.

*비류코프(Parvel Biruikov 1860~1934)_ 톨스토이 숭배자.

#두 개의 비극

Akutagawa

스트린드베리*의 생애 비극은 '자기 마음대로 보았던' 비극이다. 그러나 톨스토이의 생애 비극은 불행히도 '자기 마음대로 보지 못했던' 비극이다. 따라서 후자는 전자보다도 한층 비극적으로 끝났다.

*스트린드베리_ 스웨덴의 소설가, 극작가.

#스트린드베리

Akutagawa

그는 무엇이든 알고 있었다. 게다가 그는 자신이 알았던 일은 무엇이든 거리낌 없이 털어놓았다. 무엇이든 거리낌 없이— 아니, 그도 또한 우리처럼 얼마간 이해관계를 따졌으리라.

Akutagawa

스트린드베리는 그의 작품 「전설」에서, 죽음은 고통인가 아닌가 하는 실험을 했음을 이야기한다. 그러나 이런 실험은 유희적으로 할 수 없다. 그도 또한 '죽고 싶다고 생각했지만 죽지 못했던' 한 사람이다.

#작가들

Akutagawa

위고*

전 프랑스를 덮은 한 조각의 빵. 게다가 버터는 아무리 생각해도, 그다지 듬뿍 묻어 있지 않았다.

*위고(Victor Marie Hugo, 1802~1885)_ 프랑스 소설가. 대표작 「레 미제라블Les Miserables」이 있다.

Akutagawa

도스토옙스키

도스토옙스키의 소설은 온갖 익살맞은 그림으로 가득 차 있다. 더욱이 그 우스꽝스러운 그림의 대부분은 악마를 우울하게 할 것이 틀림없다.

Akutagawa

모파상

모파상은 얼음과 닮았다. 당연히 얼음사탕과도 닮았다.

Akutagawa

플로베르*

플로베르가 나에게 가르쳐준 것은 아름다운 지루함도 있다는 사실이다.

*플로베르(Gustave Flaubert, 1821~1880)_ 프랑스 소설가 대표작 「보바리 부인 Madame Bovary」이 있다.

Akutagawa

에드거 앨런 포

포는 스핑크스를 만들기 전에 해부학을 연구했다. 포가 후대를 놀라게 한 비밀은 이 연구에 숨겨져 있다.

#무어의 말

Akutagawa

조지 무어*는 「죽은 자신의 비망록」에서 이런 말을 했다.

'위대한 화가는 이름을 적어놓을 장소를 잘 안다. 또 결코 같은 곳에 두 번 다시 이름을 넣지 않는다.'

물론 '결코 같은 곳에 두 번 다시 이름을 넣지 않는다.'는 말은 어떤 화가에게도 불가능하다. 그러나 이 점은 비난하지 않아도 좋다. 내가 뜻밖이라고 생각했던 점은 '위대한 화가는 이름을 적어놓을 장소를 잘 안다.'는 말이다. 동양의 화가는 일찍이 낙관 찍는 장소를 경시한 사람은 없었다. 낙관의 장소를 주의하라는 따위는 진부한 말이다. 그것을 특필한 무어를 생각하면, 자연히 동서의 차이를 느낀다.

*조지 무어(George Moore 1852~1933)_ 아일랜드 시인, 소설가.

#문장

Akutagawa

문장 안에 있는 말은 사전에 있을 때보다 아름다움을 더해야만 한다.

#천재

Akutagawa

천재란 우리와 겨우 한 걸음밖에 거리를 두고 있지 않다. 다만 이 한 걸음을 이해하기 위해선 백 리의 절반을 구십구 리라고 하는 초수학超數學을 알아야만 한다.

Akutagawa

천재란 우리와 겨우 한 걸음밖에 거리를 두고 있지 않다. 동시대 사람은 언제나 이 한 걸음이 천 리임을 이해하지 못한다. 후대 사람은 또 그 천 리가 한 걸음임을 알지 못한다. 동시대인은 그 때문에 천재를 죽였다. 후대인은 그 때문에 천재 앞에 향을 피운다.

#평범한 재주

Akutagawa

평범한 재주밖에 없는 사람의 작품은 대작일지라도 반드시 창문 없는 방과 같다. 도무지 인생을 전망할 수 없다.

#제한

Akutagawa

천재도 저마다 극복하기 힘든 어떤 제한에 구속받는다. 그 제한의 발견은 어느 정도 쓸쓸함을 느끼게 한다. 하지만 그것은 어느새 오히려 친밀감을 준다. 마치 대나무는 대나무고 담쟁이덩굴은 담쟁이덩굴임을 알게 된 것처럼.

#비평학

Akutagawa

―사사키 모사쿠 군에게

 어느 날씨 좋은 오전이다. 박사로 변한 메피스토펠레스*는 어느 대학 강좌에서 비평학을 강의했다. 물론 이 비평학은 칸트식의 비평이란 무엇인가, 하는 그런 내용이 아니다. 그저 어떻게 소설이나 희곡을 비평할 것인가, 하는 이런 내용이다.

 여러분, 지난주 내가 말했던 부분은 이해한 것으로 생각하고, 오늘은 한 걸음 더 나아가 〈반긍정 논법半肯定論法〉을 말하겠습니다. 〈반긍정 논법〉이란 무엇인가 말하자면 이것은 글자 뜻 그대로 어느 작품의 예술적 가치를 절반 정도 긍정하는 논법입니다. 그러나 그 '절반'은 '보다 나쁜 절반'이어야 합니다. '보다 좋은 절반'을 긍정하는 일은 이 논법에서 아주 위험합니다.

이를테면 벚꽃에 이 논법을 사용해 보십시오. 벚꽃에서 '보다 좋은 절반'은 색과 모양의 아름다움입니다. 그렇지만 이 논법을 사용하기 위해선 '보다 좋은 절반'보다 '보다 나쁜 절반', 예컨대 벚꽃의 향기를 긍정해야 합니다. 마침내 '향기는 좋다. 그러나 결국 그것뿐이다'고 단정을 내리는 것입니다. 만약 '보다 나쁜 절반' 대신에 '보다 좋은 절반'을 긍정했다면 어떤 파탄이 일어날까요? '색과 모양은 정말 아름답다. 그러나 결국 그것뿐이다.' 이것으론 조금도 벚꽃의 가치를 떨어뜨리지 않습니다. 물론 비평학의 문제는 어떻게 어느 소설과 희곡의 작품 가치를 떨어뜨릴까 하는 일에 관계합니다. 하지만 이 점은 새삼스럽게 말할 필요 없습니다.

그럼 이 '보다 좋은 절반'과 '보다 나쁜 절반'은 무엇을 기준으로 구별합니까? 이 문제를 해결하기 위해선, 이것도 여러 번 말했듯이 가치론으로 거슬러 올라가야 합니다. 가치는 예전부터 믿어왔듯이 작품 자체에 있지 않고 작품을 감상하는 우리 마음속에 있는 것입니다. 그러면 '보다 좋은 절반'과 '보다 나쁜 절반'은 우리 마음을 기준으로, 또는 한 시대의 민중이 무엇을 사랑하는가를 기준으로 구별합니다.

가령 오늘날 민중은 일본풍의 화초를 사랑하지 않습니다. 즉 일본풍의 화초는 나쁜 것입니다. 또 오늘날 민중은 브라질 커피를 사랑합니다. 즉 브라질 커피는 좋은 것임이 틀림없습니다. 어느 작품이 지닌 예술적 가치의 '보다 좋은 절반'과 '보다 나쁜 절반'도 당연히 이런 예처럼 구별해야 합니다.

이런 기준을 사용하지 않고 미라든가, 진이라든가, 선이라는 다른 기준을 찾는 일은 매우 우스꽝스러운 시대착오입니다. 여러분은 붉은 밀짚모자와 같은 구시대를 버려야 합니다. '선악은 좋음과 싫음을 초월하지 않는다. 좋음과 싫음이 곧 선악이다. 애증이 곧 선악이다.' 이 말은 〈반긍정 논법〉에 한정되지 않고, 적어도 비평학을 지향하는 여러분이 잊어선 안 되는 법칙입니다.

또 〈반긍정 논법〉이란 대체로 지금까지 말한 바와 같습니다만, 마지막으로 주의를 촉구하고 싶은 것은 '그것뿐이다'는 말입니다. '그것뿐이다'는 이 말은 반드시 써야만 합니다. 첫째, '그것뿐이다'고 말하는 이상, '그것' 곧 '보다 나쁜 절반'을 긍정함은 확실합니다. 그러나 둘째, '그것' 이외의 부분은 부정함도 분명합니다. 다시 말하여 '그것뿐이다'는 말은 끌어올렸다 내리는 분위기가 짙음을 암시해야 합니다. 그렇지만 또한 미묘한 점은 셋째, '그것뿐이다'는 말은 예술적 가치마저 은연중에 부정합니다. 물론 부정한다고 해도, 왜 부정하는가는 아무런 설명도 하지 않습니다. 다만 말하지 않는 부분을 부정하며 이 점은 '그것뿐이다'는 이 말의 가장 두드러진 특색입니다. 엄밀히 하자면, 아마도 긍정하고 부정하는 것이란 정말로 '그것뿐'이라는 의미일 것입니다.

이 〈반긍정 논법〉은 〈전부정 논법全否定論法〉 또는

〈연목구어식* 논법〉보다 더 쉽게 신용할 수 있습니다. 〈전부정 논법〉 또는 〈연목구어식 논법〉은 지난주에 말한 대로입니다만, 만약을 위해 간략하게 반복하면 어느 작품의 예술적 가치를 그 예술적 가치로 모두 부정하는 논법입니다. 이를테면 어느 비극의 예술적 가치를 부정할 때, 비참함, 불쾌함, 우울 등에 비난을 가하는 경우를 생각하면 좋습니다. 또 이 비난을 역으로 사용해서 행복, 유쾌함, 경쾌함, 교묘함 등이 빠졌다고 비난해도 상관없습니다. 일명 〈연목구어식 논법〉은 뒤쪽 예의 경우를 가리킵니다. 〈전부정 논법〉 또는 〈연목구어식 논법〉은 통쾌하기 그지없는 대신, 때론 편파적이라는 의심을 불러일으킬 수도 있습니다. 하지만 〈반긍정 논법〉은 아무튼 작품의 예술적 가치를 절반 정도는 인정하고 있으므로, 용이하게 공평한 견해를 전해줄 수 있습니다.

그러므로 연습과제의 주제로 사사키 씨의 새 저서 '봄 외투'를 내겠으니, 다음 주까지 사사키 씨의 작품에

〈반긍정 논법〉을 사용하여 설명해 보십시오. (이때 젊은 청강생이 한 명이 "선생님, 전부정 논법을 사용해서는 안 됩니까?" 하고 질문한다.) 아니, 〈전긍정 논법〉을 사용하는 데 적어도 당분간 보류해야 합니다. 사사키 씨는 어쨌든 명성 있는 신진 작가이므로 역시 〈반긍정 논법〉을 사용하는 편이 좋다고 생각합니다.

일주일 뒤 최고점을 받은 답안은 다음과 같다.
'정말로 쓰기는 잘 썼다. 하지만 결국 그것뿐이다.'

*메피스토펠레스_ 괴테의 작품 「파우스트」에 나오는 악마.
*연목구어(緣木求魚)_ 나무에 올라가서 물고기를 구한다는 뜻으로, 도저히 불가능한 일을 굳이 하려 함을 비유적으로 일컫는 말.

#환멸의 예술가

Akutagawa

예술가의 어느 한 부류는 환멸의 세계에서 산다. 그들은 사랑을 믿지 않는다. 양심도 믿지 않는다. 다만 옛날의 고행자처럼 불모의 사막을 집으로 삼는다. 그런 점은 정말 불쌍할지도 모른다. 그렇지만 아름다운 신기루는 사막의 하늘에만 생긴다. 온갖 세상사에 환멸을 느낀 그들도 거의가 예술엔 환멸을 느끼지 않는다. 아니, 예술을 말하기만 하면 보통사람은 알지 못하는 황금빛 꿈이 순식간 공중에 나타난다. 그들도 실은 뜻밖에 행복한 순간을 갖는다.

#예술지상주의자

Akutagawa

예로부터 열렬한 예술지상주의자는 거의가 예술상의 거세자다. 마치 열렬한 국가주의자는 대부분 망국의 국민이듯— 우리는 누구라도 자신이 가진 것을 원하진 않는다.

#어느 자본가의 논리

Akutagawa

"예술가가 예술을 파는 일이나 내가 게 통조림을 파는 일이나 그다지 다를 바 없다. 그렇지만 예술가는 예술이라면 천하의 보물처럼 생각한다. 그런 예술가의 흉내를 내면 나 또한 한 통에 육십 전 하는 게 통조림을 자랑해야 한다. 내 나이 육십 하나가 되도록, 나는 아직 한 번도 예술가처럼 바보같이 잘난 체한 적은 없다."

#여러분

Akutagawa

여러분은 청년들이 예술 때문에 타락하지 않을까 걱정한다. 그러나 먼저 안심하라. 여러분만큼 간단히 타락하지 않을 테니.

Akutagawa

여러분은 예술이 국민을 해치지 않을까 걱정한다. 그러나 우선 안심하라. 적어도 예술이 여러분을 해치는 일이란 절대로 불가능하다. 이천 년 이래 예술의 매력을 이해 못하는 여러분을 해치는 일이란.

#고백

Akutagawa

완전히 자기를 고백하기란 아무나 할 수 없다. 또한 자기를 고백하지 않고선 어떤 표현도 할 수 없다.

루소는 고백을 좋아한 사람이다. 그렇지만 적나라한 그 자신은 참회록에서도 발견할 수 없다. 메리메는 고백을 싫어한 사람이다. 그러나 「콜롱바*」는 은연 중에 그 자신을 이야기하지 않을까? 이른바 고백 문학과 다른 문학의 경계선은 눈에 띄게 확실하지 않다.

*「콜롱바(Colomba)」_ 프랑스 소설가인 메리메의 중편소설.

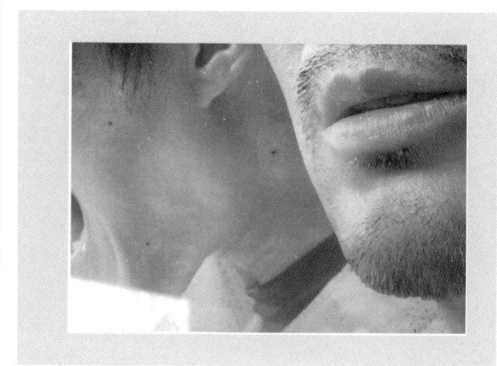

#작가

Akutagawa

글을 쓰려는 사람은 어떤 도시인이라도 그의 영혼 속에 야만인 한 사람이 있어야 한다.

Akutagawa

글을 쓰려는 사람이 그 자신을 부끄러워하는 일은 죄악이다. 그 자신을 부끄러워하는 마음엔 어떠한 독창의 싹도 생기지 않는다.

#가이바라 에키켄

Akutagawa

나는 또한 초등학교 시절에 가이바라 에키켄*의 일화를 배웠다. 에키켄은 어느 날 나룻배에 어느 서생과 함께 타게 되었다. 서생은 학식을 자랑하고 싶었던지 잘난 체하며 거만하게 고금의 학문과 예술을 논했다. 하지만 에키켄은 한 마디도 없이 잠자코 듣기만 했다. 그러는 사이 배는 강가에 다다랐다. 배 안에 있던 손님들은 헤어지기에 앞서 통성명하는 일이 관례였다. 서생은 비로소 에키켄을 알아보고 이 당대의 대유학자 앞에 부끄러워하며 조금 전 무례를 사과했다. 이러한 일화를 배웠다.

그때 나는 이 일화에서 겸양의 미덕을 찾아냈다. 적어도 찾아내기 위해서 정말로 노력했다. 그러나 지금은 불행히도 추호의 교훈마저 발견할 수 없다. 이 일화가 지금 나에게 얼마간 흥미로운 점은 다음과 같이 생각하기 때문이다.

1. 침묵으로 일관한 에키켄의 모욕은 얼마나 신랄한 것이었던가!
2. 서생이 부끄러워하는 모습을 기뻐한 나룻배 손님들의 갈채는 얼마나 저속한 것이었던가!
3. 에키켄이 알지 못하는 새로운 시대정신은 나이 어린 서생이 거리낌 없이 논하는 중에도 얼마나 발랄하게 고동쳤던가!

*가이바라 에키켄(貝原益軒 1630~1714)_ 에도 전기의 유학자, 교육가.

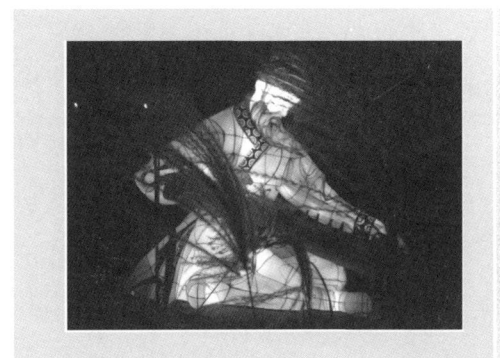

#어떤 변호

Akutagawa

어느 신세대 평론가는 '위집蝟集*하다'는 뜻으로 '문 앞에 새그물을 친다'는 성어成語를 사용했다. '문 앞에 새그물을 친다'고 하는 성어는 중국인이 만들었다. 그 말을 일본인이 사용하는 데 반드시 중국인의 용법을 답습해야만 한다는 법은 없다. 만약 통용되기만 하면, 이를테면 '그녀의 미소는 문 앞에 새그물을 친 듯했다'고 표현해도 좋다.

만약 통용되기만 한다면— 온갖 일은 이 불가사의한 '통용'에 달렸다. 예를 들면 〈사소설私小說〉도 그렇지 않을까? 이히로만Ich-Roman는 일인칭을 사용한 소설이란 뜻이다. 반드시 그 '나'는 작가 자신이라고 정해지진 않았다. 그러나 일본의 〈사소설〉은 언제나 그 '나'가 작가 자신인 소설이다. 아니, 때로는 작가 자신의 경험담으로 보이기만 하면 삼인칭을 사용한 소설마저 〈사소설〉로 불린다. 이것은 물론 독일의— 또는 모든 서양인의 용법을 무시한 새로운 예이다.

하지만 전능한 '통용'은 이 새로운 예에 생명을 주었다. '문 앞에 새그물을 친다'는 성어도 언젠가 이처럼 뜻밖에 새로운 예를 만들지 모른다.

그렇다면 어느 신세대 평론가는 특히 학식이 부족한 탓이 아니었다. 다만 얼마큼 시류를 벗어난 새로운 예를 구하는 일에 성급했던 탓이다. 그 평론가가 야유를 받은 이유는— 아무튼 모든 선각자는 늘 박명薄命을 감수해야만 한다.

*위집蝟集하다_ 고슴도치의 털처럼, 많은 것이 한곳에 또는 한시에 모여드는 일.

#어느 악마주의자

Akutagawa

그는 악마주의 시인이었다. 그러나 물론 실생활에서는 안전지대 밖으로 나간 것은 단 한 번으로 질려버렸다.

#악惡

Akutagawa

예술적 기질이 있는 청년은 결국엔 인간의 악을 발견한다.

#예술가의 행복

Akutagawa

가장 행복한 예술가는 만년에 명성을 얻는 예술가다. 구니키다 돗포*도 그렇게 생각하면, 반드시 불행한 예술가는 아니다.

*구니키다 돗포(國木田獨步, 1871~1908)_ 시인, 소설가.

오기유 소라이*

Akutagawa

오기유 소라이는 볶은 콩을 씹으며 옛사람을 비난하는 것을 즐거워한다. 나는 그가 볶은 콩을 씹은 것은 검약을 위해서라고 믿고 있기는 하지만, 그가 옛사람을 비난하는 것은 무엇 때문인지 전혀 몰랐었다. 그러나 지금 생각해보면, 그것은 동시대 사람을 비난하는 것보다는 확실히 별 지장이 없었기 때문이다.

*오기유 소라이(荻生徂徠, 1666~1728)_ 에도 중기의 유학자.

#소설

Akutagawa

정말 같은 소설이란 단순히 사건의 발전에 우연성이 적은 것뿐만이 아니다. 아마 인생에 대한 관계의 우연성이 적은 소설이다.

#작가

Akutagawa

모든 옛사람들의 천재성은, 우리 범인의 손에 닿지 않는 벽 위의 못에 모자를 걸고 있는 것이다. 그렇다고 발판이 없었던 것은 아니다.

그러나 저런 발판은 어떤 고물상에도 굴러다닌다.

#유물사관

Akutagawa

만약 어떠한 소설가도 마르크스의 유물사관에 따라 인생을 묘사하지 않으면 안 된다고 한다면, 마찬가지로 어떠한 시인도 코페르니쿠스의 지동설에 입각하여 일월산천을 노래하지 않으면 안 된다. 하지만 '태양은 서쪽으로 지고'라고 말하는 대신에 '지구는 몇 도 몇 분으로 회전하고' 이렇게 말하는 것이 반드시 언제나 우아할 리가 없다.

#민중

Akutagawa

셰익스피어도, 괴테도, 이태백도, 지카마쓰 몬자에몬*도 죽었다. 하지만 예술은 민중 속에 반드시 그 종자를 남기는 법이다. 나는 다이쇼 12년(1923년)에 '설령 옥은 깨져도 기와는 깨지지 않는다.'는 글을 썼다. 이 확신은 오늘날까지도 여전히 조금도 흔들리지 않는다.

*지카마쓰 몬자에몬(近松門左衛門, 1653~1724)_ 에도 중기 가부키歌舞伎의 각본 작가.

Akutagawa

내려치는 해머의 리듬을 들어라. 저 리듬이 있는 한, 예술은 영원히 멸망하지 않으리라.

Akutagawa

나는 물론 실패했다. 그러나 나를 만들어낸 자는 반드시 또 누군가를 만들어내리라. 한 그루의 나무가 말라가는 것은 사소한 문제에 불과하다. 무수한 종자를 가지고 있는, 커다란 지면이 존재하는 한.